Buchwissenschaftliche Forschungen

der Internationalen Buchwissenschaftlichen Gesellschaft   9

Herausgegeben von Wolfgang Schmitz

Harrassowitz Verlag · Wiesbaden · 2009

Buchgestaltung:
Ein interdisziplinäres Forum

Tagung der Internationalen Buchwissenschaftlichen
Gesellschaft, St. Gallen 13.–14. Juni 2008

Herausgegeben von Cornel Dora

Harrassowitz Verlag · Wiesbaden · 2009

Gesetzt und gedruckt mit Unterstützung des Legats Scherrer der Kantonsbibliothek Vadiana und der Internationalen Buchwissenschaftlichen Gesellschaft.

Bibliografische Information der Deutschen Nationalbibliothek
Die Deutsche Nationalbibliothek verzeichnet diese Publikation in der Deutschen Nationalbibliografie; detaillierte bibliografische Daten sind im Internet über http://dnb.d-nb.de abrufbar.

Bibliographic information published by the Deutsche Nationalbibliothek
The Deutsche Nationalbibliothek lists this publication in the Deutsche Nationalbibliografie; detailed bibliographic data are available in the internet at http://dnb.d-nb.de.

Informationen zum Verlagsprogramm finden Sie unter
http://www.harrassowitz-verlag.de

Gedruckt auf alterungsbeständigem Papier.
Satz: TGG Hafen Senn Stieger, St. Gallen
Druck und Verarbeitung: Hubert & Co., Göttingen
Printed in Germany
ISSN 1616-3613
ISBN 978-3-447-06006-6

Inhalt

Vorwort

„Buchgestaltung: ein interdisziplinäres Forum" lautete das Thema der Jahrestagung der Deutschen Buchwissenschaftlichen Gesellschaft vom 13. und 14. Juni 2008 in St. Gallen. Im Weiterbildungszentrum der Universität wurde der fachliche Austausch zwischen Buchgestaltern, Verlagen und Buchwissenschaft gepflegt. Die Gallusstadt auf der Südseite des Bodensees, einst Hort hochstehender Buchkultur und heute noch ein Zentrum der Buchgestaltung in der Schweiz, bot dazu den passenden Rahmen.

Wie arbeitet ein Buchgestalter, wie ein Schriftgestalter, welche Überlegungen macht sich ein Verlag zur graphischen und materiellen Umsetzung seiner Texte und was sagt die Wissenschaft zur Buchgestaltung an sich und ihrer Funktion? In je drei Beiträgen gaben renommierte Fachleute Antworten auf diese Fragen aus Gestalter-, Verlags- und wissenschaftlicher Sicht. Sie vermittelten dadurch einen vertieften Überblick über die Disziplinen hinweg.

Das Medium Buch zeichnet sich im Vergleich mit digitalen Texten durch seine besondere Materialität aus. Die äussere Form und Gestaltung ist nicht einfach Schnickschnack, sondern betont seinen Wert als Objekt und unterstreicht seinen Inhalt. Diese Materialität unterscheidet das Buch von anderen Medien und eröffnet zugleich besondere Chancen, die im Wettbewerb zwischen Papier und Display genutzt werden können. Der guten Buchgestaltung kommt dabei eine Schlüsselrolle zu.

Der vorliegende Tagungsband publiziert die Tagungsreferate in der Reihenfolge des Programms. Sie werden abschließend ergänzt durch einen Beitrag zu den Wirkprinzipien der Buchgestaltung von Dieter Herbst und Bettina Maisch.

Im Namen der organisierenden Internationalen Buchwissenschaftlichen Gesellschaft und des St. Galler Zentrums für das Buch danke ich allen Mitwirkenden. Ein besonderer Dank gilt den Organisatorinnen der Tagung, Sabine Schreiber, Isabelle Henn, Ruth Süess und Sara Helfenstein, dem vorbereitenden Team mit Werner Wunderlich, Jost Hochuli und Roland Stieger und schliesslich Julia Guthmüller und dem Harrassowitz Verlag für die Betreuung und unternehmerische Verantwortung für die Publikation sowie dem Atelier TGG Hafen Senn Stieger für die Unterstützung bei der Gestaltung.

Aufgrund der speziellen Thematik war es nötig, zur Veranschaulichung den Text durch Bilder zu ergänzen. Die Internationale Buchwissenschaftliche Gesellschaft hat die Illustration mit einem finanziellen Beitrag ermöglicht. Auch dafür danken wir.

St. Gallen, im August 2009   Cornel Dora

Buchgestaltung: Ein interdisziplinäres Forum:
Jahrestagung der Internationalen Buchwissenschaftlichen
Gesellschaft, 13./14. Juni 2008, Weiterbildungszentrum der
Universität St. Gallen

Tagungsprogramm

Freitag, 13. Juni 2008

Prof. Dr. WernerWunderlich, St. Gallen
Begrüssung

Prof. Dr. Ulrike Landfester, St. Gallen
Einführung

1.Teil: Von der Gestaltungsidee zum Buch
Werkstattbericht 1
Jost Hochuli, St. Gallen
Die Gestaltung der Großen kommentierten Frankfurter Thomas-Mann-Ausgabe

Werkstattbericht 2
usus: Ulrike Stoltz, Braunschweig/Uta Schneider, Offenbach a.M.
usus: boundless und satz-wechsel – Konzepte zweier Künstlerbücher

Werkstattbericht 3
Hans Jürg Hunziker, Auxerre/Paris
Zum Entwurf einer Hausschrift für die Firma Siemens

Mitgliederversammlung der Buchwissenschaftlichen Gesellschaft

Besichtigung der Stiftsbibliothek St. Gallen

Samstag, 14. Juni 2008

Führung durch die Ausstellung Buchgestaltung in St. Gallen mit Jost Hochuli

2. Teil: Vom Buch zum Lesen
Christine Felber, Bern
Hinwendung zum unauffällig Schönen: Das gut ausgestattete Gebrauchsbuch und seine
Entwicklung

Tanja Graf, München
Gestaltung und Verlagsmarketing beim Verlag SchirmerGraf

Josef Felix Müller, St. Gallen
Gestaltung und Vermarktung in einem kleinen Kunstverlag

3. Teil: Buchgestaltung in der Reflexion
Uta Schneider, Offenbach a.M.
Aktuelle Tendenzen in der Buchgestaltung

Prof. Dr. Christoph Bläsi, Erlangen-Nürnberg
Gleiche Ziele, andere Lösungen: Buchnahe Gestaltung für den Bildschirm

Prof. Dr. Günter Häntzschel, München
Lyrikvermittlung in illustrierten Anthologien der Gründerzeit

Prof. Dr. Wolfgang Schmitz, Köln
Schlusswort und Ausblick

Schöner lesen. Buch und Gestalt

Ulrike Landfester

Glaubt man dem messianischen Eifer derer, die seit einigen Jahren das Ende der Gutenberg-Ära ausrufen, wird die materielle Gestalt des Buchs in absehbarer Zukunft nur mehr Erinnerungswert besitzen. Statt Unmengen von Papier, das auf Bündel in unpraktisch unterschiedlichen Größen über ganze Zimmerwände verteilt ist, werden wir kleine, handliche CDs in wohltuend einheitlichem Format besitzen, die sich bei Umzügen in eine einzige Kiste verpacken lassen; statt uns an verblichenen, altmodischen Drucktypen auf vergilbtem Untergrund die Augen zu verderben, werden wir Kontrast, Layout und Schriftart am Bildschirm selbst definieren können; statt schweren Leder- oder empfindlichen Pappeinbänden werden wir nur noch den Laptop aufklappen und die einst so zeitraubende Suche nach Lieblingsgedichten oder Belegstellen für wissenschaftliche Arbeiten wird sich über die Suchfunktion unserer E-Books innerhalb von Sekunden erledigen lassen.

Die von Karl Eibl während seiner Arbeit an der elektronischen Hybridedition der Werke des jungen Goethe[1] 1991 formulierte „Prophezeiung", dass, sobald der erste „relevante Text" in elektronischer Form publiziert worden sei, „man historisch-kritische Gesamtausgaben alten Typs nur noch aus bibliophilen Gründen haben wollen" werde,[2] enthält jedoch in all ihrer programmatischen Verve auch schon den Hinweis darauf, warum eine Wirklichkeit ohne Buch bzw. ohne dessen materielle Gestalt wohl nicht so schnell eintreten wird. Die „bibliophilen Gründe" nämlich, die Eibl hier so nonchalant mit einem abschätzigen „nur noch" belegt, besitzen ein Beharrungsvermögen, das sich nicht allein aus der inzwischen selbst von der editionsphilologischen Forschung (wieder) entdeckten Bedeutung der Buchgestalt für den darin niedergelegten Text speist, sondern auch und vor allem aus der Bedeutung dieser Gestalt für die moderne Schriftkultur insgesamt – einer Kultur, für die das Leben mit Büchern noch immer weit mehr ist als nur eine Metapher für die symbiotische Beziehung von Geisteswissenschaftlern zu ihren Arbeitsinstrumenten.

Wer Bücher besitzt, lebt, ganz abgesehen von allen möglichen Lektürepräferenzen, stets in einer Umgebung, die von der Stofflichkeit ihrer Gestalt affiziert wird. Ob ordentlich in Regale sortiert oder auf Couchtischen, Stühlen, Boden oder Fensterbrettern herumliegend, offen oder geschlossen, zerlesen oder verlagsneu, ob sie ihren Lesern als

---

1   Eibl, Karl, Fotis Jannidis und Marianne Willems: Der junge Goethe in seiner Zeit. Sämtliche Werke, Briefe, Tagebücher und Schriften bis 1775. Frankfurt am Main/Leipzig 1998.
2   Eibl, Karl: Es müssen nicht immer Bücher sein. In: Jahrbuch der deutschen Schiller-Gesellschaft 35 (1991), S. 349ff., hier: S. 351.

leichte Unterhaltung dienen oder als Speicher von jederzeit abrufbarem Wissen, als Universen von lustvoll zu durchwandernden erzählten Welten, Repositorien abschriftlich weiterzugebender Liebeslyrik oder Rollenskripten von noch ungespielten Theaterstükken, Bücher sind immer auch Gegenstände im Raum, deren schiere Stofflichkeit diesen füllt, verändert, belebt, auch dort, wo die Bücher gerade nicht stehen oder liegen.

Auch dieser Stofflichkeit wegen sind Bibliotheken magische Orte, ganz gleich, ob das Leihbibliotheken sind oder Präsenzbibliotheken, Universitätsbibliotheken oder historische, private Arbeitsbibliotheken oder die wunderbaren großen gartenseitigen Bibliotheken mit dunklen Ledersesseln und noch dunkleren Ahnenporträts, wie man sie in alten englischen Landhäusern findet. In eine Bibliothek wie die des St. Galler Klosters einzutreten ist ein Erlebnis, das, gewollt oder nicht, alle Sinne schärft, von den plötzlich weichbepantoffelten Füßen auf leise ächzendem Parkett über das Eisen der Gitter vor den Regalen, dessen Kühle die sich unwillkürlich nach den Büchern ausstreckende Hand beruhigt, bis zu dieser ganz besonderen Stille, die von Büchern ausgeht, so eine Art aufmerksames und ein bisschen amüsiertes Schweigen, als wüssten sie etwas, was wir nicht wissen und vielleicht auch nie wissen werden. Und sie duften, diese Bücher, sie duften nach Leder und Galltinte und manchmal nach Mäusedreck, nach längst zu Staub zerfallenen Schreiberhänden und längst verloschenen Feuern, nach Buchbinderleim und Blattgold und einem Hauch von ausgetrocknetem Schimmel und noch irgend etwas, ein Duft, der so geheimnisvoll und verlockend in der Nase liegt wie ein guter Rotwein auf der Höhe seiner Trinkbarkeitsreife.

Und dann die Farben. Bibliotheken wachsen bekanntlich nach ihren eigenen Gesetzen, nach Gelegenheit des Kaufs oder Geschenks, nach individuellen Vorlieben, und wenn ihre Besitzer sie nicht nach äußerlichen Kriterien ordnen, sondern nach Gegenständen, dann erzählen sie Lebensgeschichte in einem Mosaik aus Lesensgeschichten: Hier der rindenbraune, zerlesene Pappband mit Walter Benjamins Essays, aus dem oben immer noch die roten Zettelchen von der ersten Seminararbeit ragen, dort der in senfgelbes Leinen gehüllte Faksimile-Nietzsche, der seiner Übergröße wegen quer gelegt werden muss; hier der in dunkel gedeckten Rottönen seine romantische Herkunft proklamierende E.T.A. Hoffmann in einer frühen DDR-Ausgabe, die dem erzählerischen *clair obscure* seiner Novellen dasjenige unscharfen Buchstabendrucks auf schlechtem Papier hinzufügt, dort die Haute Couture zeitgenössischer Buchausstattung, die von Jost Hochuli in helle Sandfarbe gekleidete strenge Eleganz Thomas Manns in einem Glanzpapierschuber, der sie, ganz Gentleman, wie in schwarzen Glacehandschuhen präsentiert. Und, natürlich, Goethe – drei Gesamtausgaben, dreimal in Blau: Diskret, aber unmissverständlich Ehrfurcht für das Genie fordernd die tiefnachtblaue, durch radikale Auswahl schlankgehaltene Hamburger Ausgabe; in gebirgsseeblauem Feincanvas der Vereinigten Kaliko Bamberg mit arrogant die Brauen hebender Goldprägung die kühl kommentierten und nur angeblich Sämtlichen Werke der Frankfurter Ausgabe; endlich die wirklich Sämtlichen Werke der zeitgleich entstandenen Münchner Ausgabe, deren ebenfalls goldene Buchstabenprägung auf intellektuell-avantgardistischem Türkisblau den verführerischen Charme eines etwas zu bunten Cocktailkleids verströmt.

Was der Stofflichkeit all dieser Bücher aber über derart schwelgerische Apercus hinaus ihren eigentlichen Reiz und damit der Gestalt des Buchs auch ihre eigentliche Bedeutung verleiht, das ist die Tatsache, dass so viele von ihnen sich auch in den Geschichten, die sie erzählen, immer wieder mit dieser Gestalt beschäftigen. So berichtet der katholische Geistliche und Schriftsteller Johann Ulrich Megelin, bekannt unter dem Namen Abraham a Sancta Clara, in einer seiner Fabeln im 17. Jahrhundert von einem Streit zwischen Pergament und Papier:

> Man sagt, dass auf eine Zeit das Papier und das Pergament seien hart hintereinander gekommen und nach langem Widerwillen endlich in einen großen Zank geraten, eins dem andern viel Schmähungen unter die Nas gerieben, und wofern die Schreiber, Buchdrucker und Buchbinder nit hätten Frieden gemacht und sich drein gelegt, so war's ohne blutiges Raufen nit abgeloffen. Das Papier prahlte nit wenig wegen seines alten Herkommens und sagte: dass es derenthalben Charta genennt werde, weil sein erstes Aufkommen sei gewest in der weltberühmten Stadt Karthago. Das Pergament wollte diesfalls nit ein Haar nachgeben, weil es ebenfalls von einer vornehmen Stadt herkomme, bekanntlich von der Stadt Bergamo in Welschland. Das Papier setzte hinwider: wie dass es gebraucht werde zur hl. Schrift, zu allen Lehrbüchern. „Und wenn ich nit wär", antwortet das Pergament, „und tät nit allzeit über dich einen Deck- und Schutzmantel abgeben, wie gegenwärtige Herrn Buchbinder selbst bezeugen, so wärst du wegen deiner Schwachheit schon zugrund gangen; zudem lass ich mich gebrauchen zu kaiserlichen und hochfürstlichen Patenten, da unterdessen aus dir nur gemeine und gar oft verdrüssliche Rechnungen gemacht werden." – „Wenn schon!" sagt das Papier; „so bin ich doch weit eines bessern Wandels und führ ein friedsames Leben, da du doch auf die Trummel gespannt wirst und nichts als blutige Schlachten verursachen tust." – „Ho, ho!" sagt das Pergament; „dein Lob will ich mit kurzen Worten einschränken und umreißen: du kommst von Hadern und Lumpen her und machst auch das meiste Hadern und Zanken wie auch die ärgsten Lumpenhändel." – „Das musst du mir probieren und beweisen!" schreit das Papier. „Gar gern", sagt das Pergament; „was sind die Spielkarten anders als Papier, das von den Lateinern charta genannt wird? Und was verursacht mehr Hader, Zank und Schlag, was macht mehr Übel und Lumpensachen als die Karten?" Hierauf musste das Papier das Maul halten.[3]

Abraham a Sancta Clara lenkt hier unseren Blick systematisch auf die verschiedenen Dimensionen, aus denen die Gestalt eines Buchs ihre eigentümliche Bedeutung beziehen kann, auf die Herkunft der Materialien – Stoff vs. Tierhaut –, auf ihren lebensweltlichen Gebrauch in von dem Buch selbst zunächst einmal unabhängigen Handlungskontexten – Kartenspiel vs. Kriegstrommel – und auf ihre Bindung an übergeordnete gesellschaft-

---

3 A Sancta Clara, Abraham: Judas der Erzschelm für ehrliche Leut. Sämmtliche Werke. Passau 1834–1836, Bd. 6, S. 29–76.

liche gesellschaftliche Normengefüge wie rechtliches und politisches Vertragswesen – Pergament – und Religion, Bildung und Ökonomie – Papier. Anhand dieser Bedeutungszuordnungen nun treibt Abraham a Sancta Clara ein raffiniertes Spiel mit der Stofflichkeit des Buchs, dessen Stoßrichtung der moralistischen Pointe gegen das Kartenspiel diametral entgegenläuft. Das Medium, dessen er selbst sich zur Publikation unter anderem seiner Fabeln bedient, ist nicht das mit Krieg und Politik konnotierte Pergament, sondern das mit Religion und Bildung, „hl. Schrift und Lehrbüchern" und damit dem spezifischen Interessenhorizont Abraham a Santa Claras konnotierte Papier, das hier gewissermaßen nur *auf* dem Papier „das Maul halten" muss, nicht aber *als* Papier, ganz im Gegenteil: Der Autor fordert hier von seinem Leser nichts Geringeres, als den Inhalt der Fabel mit deren Trägermaterial zusammenzulesen – verurteilt die Fabel inhaltlich die Spielkarten zum Schweigen, so erfüllt sie als Teil des Buchs den idealtypischen Zweck des Papiers, religiös zu bilden.

Die Literaturgeschichte ist reich an solchen Beispielen dafür, wie die Gestalt eines Buchs darin selbst zum Gegenstand wird. Grosso modo lassen sich dabei drei wiederkehrende Topoi literarisch-poetologischer Bedeutungsbildung ausmachen: erstens die gegenseitige Rückkoppelung von Inhalt und Buchgestalt aneinander, zweitens die Beziehung zwischen Buch und Mensch und drittens die Bedeutung des physischen Gewichts des Buchs an sich.

1. Buch und Text: Verwandlungszauber

In der Sankt-Galler Stiftsbibliothek wird ein Buch aufbewahrt, das eine besondere Herausforderung an unsere moderne Vorstellung von der Gestalt eines Buchs darstellt. Es hat zwar äußerlich deren klassische Form, besteht aber aus Fragmenten verschiedener Pergamenthandschriften, und nicht nur das, diese Fragmente sind auch noch mehrfach übereinander beschrieben. Es handelt sich um den Codex 908, die berühmten Fragmenta rescripta, den sogenannten „König der Palimpseste", die der damalige Bibliothekar Pater Ildefons von Arx um 1800 aus verschiedenen Handschriften der Bibliothek herausgelöst und zu einem Buch zusammengebunden hat: Im 8. Jahrhundert hatte ein Schreiber zahlreiche Pergamentfragmente spätantiker Herkunft von ihren Erstschriften zu befreien versucht und neu, manchmal zum dritten Mal beschrieben; da die Löschung der Erstschrift aber meist nicht vollständig gelang, sind unter den Zweit- und Drittschriften sonst verlorene Texte erhalten und lesbar geblieben, darunter die Sankt-Galler Orakelsprüche aus dem 6. Jahrhundert.[4]

Was an diesem Buch fasziniert, ist der doppelte Verwandlungsprozess, den es dokumentiert. Da ist einmal der Akt der Überschreibung selbst, der die beiden oder drei übereinandergeschriebenen Texte der merkwürdigen Logik des Genres Palimpsest unterworfen hat; da ist zweitens aber und vor allem die Konfiguration dieser Palimpseste zu einem buchförmigen Artefakt durch Pater Ildefons von Arx, der dazu ein eigentlich pa-

---

4   Cod. Sang. 908; die hier zusammengefassten Informationen stammen aus der Digitalen Bibliothek Codices Electronici Sangallenses (CESG); URL: http://www.cesg.unifr.ch/de/index.htm. Sämtliche der im folgenden beschriebenen Codices der Stiftsbibliothek sind hier unter ihrer Signatur aufgeführt, beschrieben und in Faksimileform einsehbar.

radoxes Ordnungskriterium anlegte: Zusammengehalten durch die Textschicht von der Hand des Überschreibers aus dem 8. Jahrhundert, ist das, was die Palimpseste interessant macht, nicht diese Schicht, sondern die darunterliegenden Schichten, die miteinander nichts zu tun haben als die Verfügbarkeit der entsprechenden Pergamente für die Absichten des Überschreibers.

Bei aller gebotenen Vorsicht gegenüber einem Unternehmen, das auf den ersten Blick sehr viel mehr mit Konservierung als mit Literatur zu tun hat, ist gleichwohl festzuhalten, dass die Konfiguration der Fragmenta zu einem sauber in Leder gebundenen Buch um 1800 möglicherweise nicht zufällig zu einem Zeitpunkt stattfindet, zu dem die Kategorien „Autorschaft" und „Werk" eben erst, seit etwa 1750, zu zentralen Organisationsparametern der europäischen Literaturlandschaft geworden sind. Damit sei nicht behauptet, dass Pater Ildefons hier ein Werk in diesem emphatischen Sinne hätte herstellen wollen, wohl aber sei darauf hingewiesen, dass er, indem er statt inhaltlicher Kohärenz die besondere Erscheinungsform der Texte zum Anlass seiner Zusammenstellung nahm, damit einer Erkenntnis folgte, die zu den Errungenschaften der modernen Schriftkultur gehörte: der Erkenntnis nämlich, dass die Gestalt eines Textes bzw. eines Korpus' von Texten, wenn sie eine spezifische historische Besonderheit aufwies, jenseits inhaltlicher Erwägungen eine Gemeinsamkeit konstituierte, die eine solche Konfiguration zum Buch rechtfertigte.

In dieser Erkenntnis schlug sich ein Bewusstseinswandel im Umgang mit Texten nieder, der, im Fall von Pater Ildefons an archivalischen Beobachtungen gewonnen, in der zeitgenössischen Philologie sein theoretisches Pendant besaß. Im Umgang mit der Bibel, insbesondere dem Alten Testament, und mit den Epen Homers differenzierten Forscher wie etwa Friedrich August Wolf in seinen *Prolegomena ad Homerum* (1795) den Begriff des Werks zu einem heuristischen Instrument aus, das es erlaubte, auch die Brüche, die durch multiple Autorschaften und fragmentierte Überlieferungsprozesse in einem Text erschienen, als Kriterien für dessen Werkstatus zu identifizieren. Damit trat neben das Modell der individuellen, idealiter spontanen Autorschaft, die die zeitgenössische Dichtung ästhetisch validisierte, in der Philologie das Modell der historischen Konfiguration, der gewachsenen Sammlung, das innere Einheit oder doch wenigstens Zusammengehörigkeit so gut zu legitimieren vermochte wie der Name eines Autors.

Es mag sich vielleicht nicht nachweisen lassen, ist aber jedenfalls nicht ausgeschlossen, dass Pater Ildefons von Arx, ein offenkundig ebenso gewissenhafter wie enthusiastisch an seinem Gegenstand interessierter Archivar, diese Entwicklungen verfolgte und von ihnen möglicherweise auch affiziert wurde. Sicher aber ist, dass sein Buch strukturell eine deutliche Parallele aufweist zu einem anderen, das zur Zeit, in der Pater Ildefons die Fragmenta zusammentrug, eben in Entstehung begriffen war. Es handelt sich um Goethes Altersroman *Wilhelm Meisters Wanderjahre,* ein Buch, das bis heute vor allem deshalb so schwer zu lesen ist, weil es unseren Vorstellungen von der erzählerischen Großform Roman so gar nicht entspricht: Es erzählt keine durchgehende Geschichte, sondern gibt sich als Zusammenstellung vieler verschiedener Geschichten, die von verschiedenen Autoren geschrieben und von dem angeblichen Herausgeber Goethe nur archiviert und kompiliert wurden – so zumindest die Leitfiktion der *Wanderjahre.*

Folgt man dieser Leitfiktion, so besteht das Textkorpus, aus dem die *Wanderjahre* gebaut sind, aus kaum weniger heterogenen „Urtexten" als Pater Ildefons' *Fragmenta rescripta,* in ihre Nachbarschaft zueinander gerückt einzig durch den Zufall der ihnen allen gemeinsamen Überschreibung ihrer einstigen Substanz durch Goethe, unter der diese Substanz gleichwohl in ihrer Eigentümlichkeit lesbar bleibt. Freilich ist der operative Begriff hier der der Fiktion – faktisch hat Goethe alle diese Texte selbst geschrieben; die Ästhetik der palimpsestartigen Überschreibung von Vorhandenem ist bei ihm nicht seinem Stoff geschuldet, sondern ein aus der zeitgenössischen Philologie gewonnenes Instrument zur Entwicklung einer Romanpoetik, die sich geradezu aggressiv der am zeitgenössischen Mainstream leicht konsumierbarer erzählerischer Identifikationsangebote geschulten Erwartungshaltung seiner Leser verweigerte – wie Abraham a Santa Clara, so forderte auch Goethe von seinem Leser, das Geschriebene, hier die ostentativ harten Fügungen zwischen divergierenden Erzählsträngen, von der Gestalt aus zu lesen, in der sein Roman sich materiell als Buch und damit als Einheit zu erkennen gab.

Diese Einheit wird, wo sie auf der Handlungsebene permanent unterlaufen wird, stattdessen durch ein Netz von Leitmotiven gestiftet, deren prominentestes ein Buch ist, und zwar ein Buch, das nicht durch seinen Inhalt, sondern durch seine Gestalt als solches kenntlich ist. Es hat seinen ersten Auftritt ganz am Anfang, als Wilhelm Meisters Sohn Felix in einer Felsspalte ein „Prachtbüchlein" findet, „nicht größer als ein kleiner Oktavband, von prächtigem altem Ansehn, es schien von Gold zu sein, mit Schmelz geziert".[5] Was in diesem „Prachtbüchlein" steht, bleibt unsichtbar, weswegen das Buch auch in der Rahmenhandlung zunehmend auf den Charakter eines verschlossenen „Kästchens"[6] festgelegt wird, während es gleichzeitig als solches Kästchen auch in den Novelleneinlagen des Romans die Rolle einer Allegorie der Romanform spielt, hier freilich in Experimentalanordnungen, in denen die Protagonisten das Kästchen öffnen und sich damit ins Unglück stürzen: Im *Mann von fünfzig Jahren* ist es ein Toilettenkästchen, mit dessen Inhalt ein alternder Major sich zum Bräutigam seiner Nichte zu verjüngen hofft – umsonst, sie heiratet stattdessen ihren gleichaltrigen Cousin; in der *Neuen Melusine* ist es die Behausung einer Zwergin, in die sich der Icherzähler der Novelle verliebt und der er schließlich in das Zwergenreich folgt, wo sich denn das Kästchen wie ein „künstlicher Schreibtisch von Röntgen"[7] zu einem ganzen Palast entfaltet – aus dem der mit seiner Zwergengröße unglückliche Liebhaber schließlich unter endgültigem Verlust der Geliebten entflieht. Und als in der Rahmenhandlung kurz vor Romanschluss der Schlüssel zu dem „Prachtbüchlein" endlich gefunden ist, erwartet den Neugierigen eine herbe Enttäuschung: Ein „ehrenwerter Goldschmied und Juwelenhändler", der „seltsame antiquarische Schätze" mit sich führt, öffnet das Schloss, und – „das Kästchen springt auf, das er gleich wieder zudrückt: an solche Geheimnisse sei nicht gut rühren, meinte er".[8]

---

5   Goethe, Johann Wolfgang: Sämtliche Werke nach Epochen seines Schaffens. Münchner Ausgabe. Bd. 17: Wilhelm Meisters Wanderjahre. Maximen und Reflexionen. Hrsg. von Gonthier-Louis Fink, Gerhard Baumann und Johannes John. München 1991, S. 276.

6   Ebd.

7   A.a.O., S. 601.

8   A.a.O., S. 685.

Die Geheimnisse, an die hier „nicht gut rühren" ist, sind die einer erzählerischen Bauform, die der aufmerksame Leser zu diesem Zeitpunkt längst verstanden haben muss. Was das Buch- als Kästchenmotiv in den Wanderjahren einspielt, ist eine schöpferische Unschärfebeziehung zwischen Inhalt und Form, deren poetische Verwandlungspotentiale sich im dauernden Rekurs auf die zu Beginn in den Text selbst eingeholte äußere Gestalt des Romans ausdrücken: Die kostbare äußerliche Erscheinung des „Prachtbüchleins" vom Anfang – „es schien von Gold zu sein, mit Schmelz geziert" – war ebenso nur Schein gewesen wie der anfangs geradlinige Verlauf der Rahmenhandlung, die sich gleich nach dem Fund des Büchleins in eine unübersichtliche Vielfalt von Einzelgeschichten zu zersetzen beginnt. Wer diesem Schein verfallen bleibt, dem bleibt auch der Roman verschlossen; nur wer das Wesen des umgekehrt eben nur scheinbar unverbundenen Erzählens begriffen hat, kann die innere Einheit eines Romans erkennen, der äußerlich eben kein goldstrotzender Repräsentationsgegenstand ist, sondern jener unprätentiöse „kleine Oktavband", als der die Wanderjahre 1821 zum ersten und 1829 zum zweiten Mal im Druck erschienen.

2. Buch und Mensch: Verzerrte Spiegelungen

Abb. 1: Stiftsbibliothek St. Gallen, Cod. Sang. 359, Einband mit Elfenbein, Byzanz, um 500. © Stiftsbibliothek St. Gallen

Dionysos war der griechischen Mythologie zufolge bekanntlich der Gott des Weines, der Freude, der Fruchtbarkeit und der Ekstase – in vermutlich wechselnden Mischungsverhältnissen. So nimmt es auf den ersten Blick etwas Wunder, dass ausgerechnet Dionysos

den Einband des ebenfalls hier in St. Gallen aufbewahrten *Cantatoriums* ziert, der älte-
sten vollständig erhaltenen Musikhandschrift der Welt – immerhin sind die Gesänge,
die darin mit den mittelalterlichen Neumen notiert sind, nicht etwa Trinklieder, sondern kirchliche Gesänge, niedergeschrieben zwischen 922 und 926 und heute eine der
Hauptquellen für die Rekonstruktion des gregorianischen Messgesangs.

Auf den zweiten Blick freilich zeigt die Elfenbeintafel, die auf der Vorderseite des die
Gesänge beherbergenden Holzkastens montiert ist, nicht den ekstatisch betrunkenen
Dionysos der klassischen Antike, sondern einen im Zeichen spätantiken Humanismus
durch Nonnos von Panopolis in einem im 5. Jahrhundert entstandenen Epos gleichsam
eingemenschten Dionysos – keine Spur von dem heidnischen Gott von einst; der hier
auf einer wohl um 500 in Byzanz entstandenen Reliefarbeit dargestellte Dionysos im
Kampf gegen die Inder ist der athletische, wagemutige und erfahrene Idealtypus eines
erfolgreichen Feldherrn. Wer immer um 925 den Prunkeinband des Cantatoriums aus
Eichenholz, Seidenstoff, vergoldetem Kupfer, geschnitztem Bein und dieser Tafel geschaffen hat, betonte seinerseits mit der Integration dieser Tafel in die Gestalt dieses
Buchs die heroische religiöse Kulturleistung, die sich in seinem Inhalt manifestiert –
nicht einfach durch schlicht in ökonomischen Gegenwerten messbare Kostbarkeit des
Materials, sondern auch und vor allem durch die Kostbarkeit eines historischen Kunstwerks, die so in exemplarischer Weise diejenige der notierten Gesänge auszustellen vermochte.

Ganz offensichtlich war das Artefakt Buch in seiner Kombination aus innerem Gehalt und äußerer Gestalt auch damals schon eine Schnittstelle zwischen Produktions-
und Rezeptionsgemeinschaft. Im frühen und selbst noch im späten Mittelalter ist diese
Schnittstelle noch in der Metapher des Menschen als von Gott geschriebenem Buch aufgehoben, die jedes schriftliche Produkt des Menschen direkt auf die von Gott geoffen-
barte Gebotsstruktur der Bibel zurückführt; problematisch aber wird diese Rückkoppe-
lungsbeziehung, wie einmal mehr Abraham a Santa Clara mit nichts zu wünschen übrig
lassender Deutlichkeit bemerkt, als sich im Zuge der Frühaufklärung und unter dem
Einfluss der Erfindung des Buchdrucks die Herstellung von Büchern zunehmend der
individuellen Selbstinszenierung wissenschaftlicher Wissbegier und philosophisch be-
gründeten kritischen Denkens öffnet – damit nämlich fängt der Mensch an, sich selbst
zu entwerfen, in Inhalt wie in Gestalt des Buchs, getragen von neu aufflammendem
Stolz auf die abendländische Buchkultur als Medium seiner intellektuellen und künstlerischen Emanzipation, damit verliert die Metapher des Menschen als Buch ihre intrin-
sisch normative Bindung an die Bibel, und deswegen wettert Abraham a Sancta Clara,
der Mensch beginne, sich seiner Endlichkeit zu überheben:

> Wer bist du Mensch? Ein Garten voller Distlen. Ist nit gnug das. Ein Rosen vol-
> ler Dörner. Ist noch nicht gnug. Ein Himmel voller Finsternuss. Ist noch nicht
> gnug. Eine Kuchel voller Rauch. Ist noch nicht gnug. Ein Haus voller Winkel.
> Ist noch nicht gnug. Ein Buch voller Fehler.[9]

---

9   A Sancta Clara, Abraham: Judas der Erzschelm a.a.O. (Anm. 3), Bd. 2, S. 220f.

Hätte Abraham a Sancta Clara schon den Protagonisten von Gottfried Kellers Roman *Der grüne Heinrich* gekannt, dann hätte er sich zutiefst verstanden gefühlt. Keller erzählt die Geschichte Heinrichs als Geschichte eines künstlerischen Scheiterns, das, wie der Autor unmissverständlich deutlich macht, sich zu einem erheblichen Teil den narzisstischen Selbstblockaden Heinrichs verdankt. Eine solche Selbstblockade setzt Keller in der zweiten, 1879/80 erschienenen Fassung des Romans anhand der Gestaltung eines Buchs in Szene, die Heinrich selbst als „Buch voller Fehler" ausstellt: Die definitiv letzte Geldsendung seiner Mutter erweckt in Heinrich angesichts nunmehr drohenden Hungers zum ersten Mal „ein ernsteres Nachdenken über meine Lage und über mich selbst nach der inneren Seite hin":

> Plötzlich kaufte ich einige Bücher Schreibpapier und begann, um mir mein Werden und Wesen einmal recht anschaulich zu machen, eine Darstellung meines bisherigen Lebens und Erfahrens. Kaum war ich aber recht an der Arbeit, so vergaß ich vollkommen meinen kritischen Zweck und überließ mich der bloß beschaulichen Erinnerung an alles, was mir ehedem Lust oder Unlust erweckt hatte.

So erzeugt er nicht nur einen unverkäuflichen Text, sondern in diesem das Ikon einer narzisstisch unsozialisierbaren Buchform:

> Die vielen beschriebenen Blätter brachte ich unverweilt zu einem Buchbinder, um sie mittels grüner Leinwand in meine Leibfarbe kleiden zu lassen und das Buch in die Lade zu legen. Nach einigen Tagen ging ich vor Tisch hin, es zu holen. Da hatte der Handwerker mich missverstanden und den Einband so fein und zierlich gemacht, wie es mir nicht eingefallen war, ihn zu bestellen. Statt Leinwand hatte er Seidenstoff genommen, den Schnitt vergoldet und metallene Spangen zum Verschließen angebracht. Ich trug die Barschaft, die ich noch besaß, bei mir; sie hätte noch für mehrere Tage ausreichen sollen, jetzt musste ich sie bis auf den letzten Pfennig hinlegen, um den Buchbinder zu bezahlen, was ich ohne weitere Besinnung tat.[10]

Ganz anders – und man könnte fast vermuten, in ironischer Kommentierung von Kellers Abgesang auf den Goetheschen Bildungsroman – erweckt Peter Altenberg 1909 in seinen *Bilderbögen des kleinen Lebens* die Idee der Rückkoppelung zwischen Buchform und Mensch zu neuem, wiewohl aphoristisch kleinförmigem Leben: Der Icherzähler trägt einem Schreibmaschin-Fräulein, so der Titel dieses Textes, auf, sein neues Manuskript abzuschreiben, ein Auftrag freilich, der sich dem Leser schnell als etwas plumpe Form des Flirts erschließt:

---

10 Keller, Gottfried: Sämtliche Werke. Historisch-Kritische Ausgabe. Bd. 3: Der grüne Heinrich. Vierter Band, hrsg. von Karl Grob, Walter Morgenthaler, Peter Stocker und Thomas Binder unter Mitarbeit von Dominik Müller. Zürich 2006, S. 59f.

Ich bat das Fräulein, mir die „Exzerpte" aus dem Buche: „Über die Verpflich-
tung der Frau, ihren Leib zu einem ‚lebendigen Kunstwerk' zu gestalten" abzu-
schreiben. Sie sagte: „In Folio oder in Quart?!?"
„In Quart" sagte ich. Sie war riesig groß, schlank, ganz jung, hatte herrliche
Hände.
Ich sagte: „Für Sie ist dieses Buch unnütz!"
„O bitte, ich muss alles abschreiben, was man mir aufträgt – – –."
„Haben Sie heute abend viel zu arbeiten?!?"
„Sehr viel – – –."
„Dann werde ich verlangen, dass meine ‚Exzerpte' noch heute abend abgeschrie-
ben werden – – –."
„Der Herr kann das halten, wie er will – – –."
War es der Beginn, war es das Ende?!
Aber alle Dinge der Seele beginnen so![11]

Die rätselhafte Frage, ob das nun Beginn oder Ende sei, lässt sich nur beantworten,
wenn man die Erzählung nicht als Tatsachenbericht, sondern als literarische Fiktion
liest, die Altenberg für ein Buch verfasste, dessen Manuskript er, wie alle seine Texte, tatsächlich durch ein Schreibmaschinenfräulein abschreiben ließ. So erzählt der Text vom
Beginn einer Beziehung, markiert aber als Teil eines vollendeten Buchs zugleich die
Nachzeitigkeit dieses Erzählens und betreibt damit ein Verwirrspiel, die den Autor Altenberg und das erzählende Ich seiner Geschichten, den Menschen und das Buch inein-
ander spiegelt. Gewonnen an der Idee der romantischen Universalpoesie und ihrer Lehre von der gegenseitigen Durchdringung von Kunst und Leben, die von den Autoren der
Romantik literarisch bevorzugt an Frauenfiguren in Szene gesetzt wurde, entwirft Altenberg hier in ironischer Verzerrung dieser Lehre eine Poetik, die den männlichen Autor
dabei zeigt, wie er nicht nur seine Figuren, sondern auch sogar schon den Schreibprozess
selbst als Formung des Lebens zum Kunstwerk stilisiert – und es so dem Leser unmöglich macht, zu unterscheiden, ob der Text nun Beginn oder Ende der entstehenden Geschichte ist.

3. Bücher von Gewicht: Pragmatische Maß-Nahmen

Die physische Macht des Buchs ist ein nicht ganz leicht zu greifender Aspekt seiner Gestalt; nur selten nämlich lässt sich aus dieser Gestalt auf deren pragmatisches Verhältnis
zu seiner Funktion zurückschließen. Einer dieser seltenen Fälle ist ein ganz, ganz kleines
Buch, das *Tropar* aus der St. Galler Stiftsbibliothek, eine um 940 entstandene Musikhandschrift mit Texten und Melodien von Notker Balbulus und anderen.[12] Das Format
dieses Buchs – seine Maße betragen acht auf zehn Zentimeter – zeugt unmittelbar von
den Notwendigkeiten seines Einsatzes in der Praxis: Es war für die Hand des Vorsängers

---

11 Altenberg, Peter: Das Schreibmaschin-Fräulein. In: A., P.: Gesammelte Werke in fünf Bänden.
   Bd. 2: Extrakte des Lebens. Gesammelte Skizzen 1898–1919. Hrsg. von Werner J. Schwaiger.
   Wien/Frankfurt am Main 1987, S. 154f.
12 Cod. Sang. 484, vgl. Anm. 4.

bestimmt, der dem Chor der Mönche durch knappe Winke ihre Einsätze zu signalisieren und damit buchstäblich nur die eine Hand freihatte, in der er das Buch hielt, das entsprechend klein und leicht sein musste, um einen solchen Balanceakt zu ermöglichen.

Auch die Literatur befasst sich eher selten mit derart mundanen Aspekten der Buchgestaltung – aber auch hier lassen sich Ausnahmen finden, darunter eine Erzählung von Joachim Ringelnatz mit dem Titel *Vom Baumzapf*. Ihr Protagonist ist ein junger Mann namens Magdalissimus Baumzapf – „Magdalissimus hatten seine Eltern ihn taufen lassen, damit er etwas Apartes, Originalles werden möchte" –, der, verwaist und mittellos, einen solventen, aber höchst geizigen Onkel hat:

> Er hasste seinen Onkel. Der Onkel liebte ihn. Der Onkel lieh kein Geld her. Magdalissimus schenkte immer wieder Bücher hin. Der Onkel sammelte leidenschaftlich, unter anderem Bücher. Magdalissimus borgte leidenschaftlich, aber unleugbar war der Onkel ein außerordentlicher Geizhals. Seitdem er zum Beispiel einmal als Gast bei einem Diner Schnepfendreck gespeist hatte, wünschte er nichts sehnlicher, als eine Schnepfe zu sein.[13]

Angesichts dieser Kombination aus Geiz und Sammelleidenschaft kommt Magdalissimus Baumzapf auf einen raffinierten Mordplan. Er beginnt, dem Onkel, der aus Sparsamkeitsgründen in der Mansardenwohnung eines vierstöckigen, unsolide gebauten Geschäftshauses lebt, schwere Bücher zu schenken wie etwa „die Memoiren Casanovas, die sehr seltene Originalausgabe, vor d. franz., 12 Bände, in Bronze gebunden",

> [s]chöne alte Bücher, interessante Bücher, dicke Bücher, Folianten. Vielbändige Werke, Brockhaus, Meyers Lexikon, Große Ausgabe; den ganzen Luther, Europäische Annalen. Erbauliche Werke. Eine umfangreiche Bibelsammlung auf einmal und dann nach und nach ixerlei, wahllos oder vielmehr enzyklopädisch. Auch anfechtbare Sachen, wie Karl Mays Schriften, alle Sammelbände Simplicissimus und dergleichen. All das neu und solid gebunden. In Holz gebunden mit Messingbeschlägen. In Lederdeckeln mit Bleieinlage. In sammetüberzogenes Eisen gebunden. In Nickel; in Kupfer.[14]

Zusätzlich vorangetrieben davon, dass Magdalissimus seinem Onkel nahelegt, für die kostbaren Bücher feuersichere Regale anzuschaffen, beginnt der Plan schließlich aufzugehen: „Onkels Zimmerwände knackten spukhaft. Es knackte in den Bohlen des Fußbodens. Onkel wurde unruhig. Er merkte schon lange was, aber nicht richtig was."[15] Zum letzten Mal schließlich geht Magdalissimus Baumzapf zu seinem Onkel und

> schenkte zwei illustrierte Foliobände: Bechsteins Märchen, in vergoldeten Marmor gebunden. Onkels Stube betretend, ließ er die Bücher im Schreck fallen, weil er eine Senkung im Fußboden gewahrte; und das Fensterbrett war verbogen.

---

13 Ringelnatz, Joachim: Vom Baumzapf. In: R., J.: Das Gesamtwerk in sieben Bänden. Hrsg. von Walter Pape. Bd. 4; Erzählungen. Berlin 1982, S. 239–242. Hier: S. 239.

14 A.a.O., S. 240.

15 A.a.O., S. 241.

> Aber gleich hinterdrein erschreckt, hob er die Bücher hastig wieder auf, um den
> Fußboden wieder um ihr Gewicht zu erleichtern.[16]

Am Ende aber sind es dann nicht Bücher, die das Haus tatsächlich zum Einstürzen
bringen, sondern eine Lebensmittellieferung, zwei Zentner Kartoffeln, die der Lieferant
mit den Worten „Macht fünf Mark" in die Wohnung legt: „Wo die Senkung im Fuß-
boden war, knackte es. Der braune Fußbodenlack bekam das Muster windbestrichener
See",[17] und nun bricht das Haus unter dem Gewicht der im obersten Stock akkumu-
lierten Bücher zusammen – nur ist dann auch nicht der Onkel, sondern Magdalissimus
das Opfer:

> Magdalissimus war so verschüttet, dass sein Kopf eben noch herausragte. Zwei
> Stunden dauerten die Aufräumungsarbeiten bis zu seiner Befreiung, und gerade
> so lange lebte er noch. Aber während dieser Zeit sah er dauernd seinen Onkel
> beflügelt in den Wolken kreisen, einen Fünfmarkschein in der Hand schwen-
> kend, und hörte ihn fröhlich zwitschern.[18]

Oberflächlich betrachtet, könnte man meinen, Magdalissimus Baumzapf habe damit
seine gerechte Strafe erhalten – und dies nicht nur dafür, dass er den Onkel hatte ermor-
den wollen, sondern auch dafür, dass er ausgerechnet Bücher zum Instrument dafür
wählte, sich den Weg zu reichem Erbe zu bahnen. Andererseits aber macht die Erzählung unmissverständlich klar, dass Magdalissimus mit der schwergewichtigen Gestalt
dieser Bücher eine Waffe gegen den Onkel wendet, die dieser ihm selbst in die Hand
gegeben hat: Ganz offensichtlich interessiert sich der Onkel an den Geschenken seines
Neffen nicht etwa an deren Inhalt, am metaphorischen Schwergewicht der in ihnen be-
wahrten Kulturleistungen also; was seine Sammlergier motiviert, ist vielmehr das ganz
reale, das materielle Gewicht ihrer Gestalt, die kostbare Bronze, der vergoldete Marmor,
das messingbeschlagene Holz, kurz, ein durch und durch gegenständlicher Reichtum,
den der Onkel mit demselben ekelerregenden Geiz hortet, mit dem er gerne eine
Schnepfe sein möchte, um gratis Schnepfendreck speisen zu können.

So erschließt sich die eigentliche Wertungsmitte von Ringelnatz' Erzählung nur
demjenigen Leser, der, anders als der Onkel, Bücher zumindest auch ihres Inhalts wegen
zur Hand nimmt. Die entscheidende Information nämlich stammt aus einem Buch, das
Magdalissimus dem Onkel gerade nicht schenkt, obwohl es sich von seinem Umgang
her dazu unmittelbar anbieten würde, aus dem Buch der Bücher nämlich, der Bibel:
Magdalissimus stirbt unter der Masse der Bücher den Tod, den Maria Magdalena gestor-
ben wäre, hätte Jesus sie nicht davor bewahrt. Die Worte, mit denen er die Verfolger der
Ehebrecherin an ihrer Steinigung hindert, lassen sich in entsprechender Abwandlung
denn auch an diejenigen Leser der Erzählung adressieren, die sich von Magdalissimus'
Schicksal in der selbstgerechten Überlegung distanzieren mögen, ihnen selbst gehe es am
Buch natürlich nur um den geschriebenen Inhalt und nicht etwa um dessen stoffliche

---

16 Ebd.
17 A.a.O., S. 242.
18 Ebd.

Gestalt. Ohne diese Gestalt nämlich wäre der Inhalt nicht nur nicht überlieferbar, sondern in vielen Fällen, angefangen von Abraham a Sancta Claras Parabeln über Goethes *Wanderjahre,* Kellers *Grünen Heinrich* und natürlich Ringelnatz' *Vom Baumzapf* gar nicht erst geschrieben worden; und so möge denn nur, wer sich ganz ohne Schuld weiß, in diesem Falle – das erste Buch werfen.

Zur Gestaltung der *Großen kommentierten Frankfurter Thomas-Mann-Ausgabe* des S. Fischer Verlags

Jost Hochuli

„Nein, den Thommy wollen wir denn doch nicht vergolden", sagte Wilfried Meiner, der Hersteller des S. Fischer Verlags, als ich ihm vorschlug, die Rückenbeschriftung der Thomas-Mann-Bände mit einer Goldfolie zu prägen. Nun ist mir Gold als Farbe und als Material zum Beispiel für Schmuckgegenstände nicht besonders sympathisch – eine goldene Uhr wäre mir ein Gräuel –, aber es gibt auch heute noch keine Prägefolie, die so scheuerfest ist wie die Goldfolie, vorausgesetzt, sie wird sorgfältig appliziert. So zeigt etwa mein Insel-Band *Goethes Gespräche mit Eckermann,* 1925 gedruckt, also 83 Jahre alt, trotz deutlicher Gebrauchsspuren im Innern und am Leder, nicht die kleinste Abnützung in der Prägung. Das war aber der einzige Punkt, über den der Verlag und ich nicht gleicher Meinung waren. Die Prägung wurde schließlich in einem hellen Blau vorgenommen.

Schon bei der ersten Begegnung einigten wir uns schnell auf das Format, ein Standardformat von S. Fischer: Buchblock 12,5 x 20,5 cm, das Seitenverhältnis also etwas stumpfer als das Verhältnis 3:5 und etwas schlanker als die Proportion 5:8, beides Verhältnisse, die in der Fibonacci-Reihe liegen und als harmonikale Verhältnisse auf dem Monochord „hörbar" sind. Normalerweise ziehe ich diese exakten Proportionen vor, ich bin mir aber auch im Klaren, dass ein in der Nähe liegendes irrationales Seitenverhältnis als dreidimensionaler Körper optisch von den beiden andern kaum zu unterscheiden ist. Deswegen akzeptierte ich das Standardformat. Kleinere Abmessungen, die bequemer in der Hand gelegen wären, waren nicht möglich, da ich mit 4 verschiedenen Schriftgraden zu rechnen hatte: je einen für den Werktext, für den Kommentar, für die Anmerkungen und für das Register, und auch der kleinste Grad musste noch lesbar sein. Bei den Werken musste an die Zeilenzählung gedacht werden, der Grad musste eine vernünftige Lesegrösse aufweisen und die Zeile sollte im Schnitt gegen 60 Anschläge enthalten, damit einerseits zu viele Trennungen, anderseits zu große Wortabstände vermieden werden konnten.

Auch über das Papier des Inhalts waren wir uns von allem Anfang an einig: ein naturweisses, angenehm getöntes, säurefreies Werkdruckpapier, schön flexibel mit sympathischem Griff und guter Opazität – eine Standardsorte des Verlags, in großer Menge und deswegen preisgünstig hergestellt und in den Maßen so, dass beim Druck für das Standard-Buchformat nicht zu viel Abschnitt anfällt (was seinerseits wieder für das Standardformat sprach). Dass die Bände möglichst flexibel sein sollten, war ebenfalls unbestritten, auch, dass für den Überzug nur ein Gewebe in mittlerem bis dunklem Blau in

Frage komme. Bei dieser ersten Begegnung zwischen dem Herstellungschef des Verlags und mir wurde auch vereinbart, dass die Typografie mittelaxial, mit klassischen Randverhältnissen anzulegen sei.

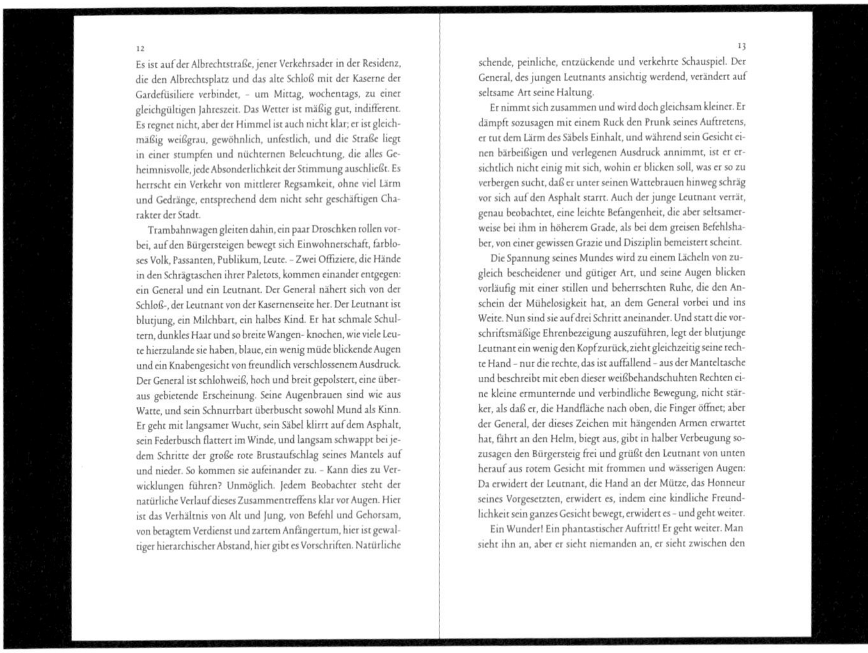

12

Es ist auf der Albrechtstraße, jener Verkehrsader in der Residenz, die den Albrechtsplatz und das alte Schloß mit der Kaserne der Gardefüsiliere verbindet, – um Mittag, wochentags, zu einer gleichgültigen Jahreszeit. Das Wetter ist mäßig gut, indifferent. Es regnet nicht, aber der Himmel ist auch nicht klar; er ist gleichmäßig weißgrau, gewöhnlich, unfestlich, und die Straße liegt in einer stumpfen und nüchternen Beleuchtung, die alles Geheimnisvolle, jede Absonderlichkeit der Stimmung ausschließt. Es herrscht ein Verkehr von mittlerer Regsamkeit, ohne viel Lärm und Gedränge, entsprechend dem nicht sehr geschäftigen Charakter der Stadt.

Trambahnwagen gleiten dahin, ein paar Droschken rollen vorbei, auf den Bürgersteigen bewegt sich Einwohnerschaft, farbloses Volk, Passanten, Publikum, Leute. – Zwei Offiziere, die Hände in den Schrägtaschen ihrer Paletots, kommen einander entgegen: ein General und ein Leutnant. Der General nähert sich von der Schloß-, der Leutnant von der Kasernenseite her. Der Leutnant ist blutjung, ein Milchbart, ein halbes Kind. Er hat schmale Schultern, dunkles Haar und so breite Wangen- knochen, wie viele Leute hierzulande sie haben, blaue, ein wenig müde blickende Augen und ein Knabengesicht von freundlich verschlossenem Ausdruck. Der General ist schlohweiß, hoch und breit gepolstert, eine überaus gebietende Erscheinung. Seine Augenbrauen sind wie aus Watte, und sein Schnurrbart überbuscht sowohl Mund als Kinn. Er geht mit langsamer Wucht, sein Säbel klirrt auf dem Asphalt, sein Federbusch flattert im Winde, und langsam schwappt bei jedem Schritte der große rote Brustaufschlag seines Mantels auf und nieder. So kommen sie aufeinander zu. – Kann dies zu Verwicklungen führen? Unmöglich. Jedem Beobachter steht der natürliche Verlauf dieses Zusammentreffens klar vor Augen. Hier ist das Verhältnis von Alt und Jung, von Befehl und Gehorsam, von betagtem Verdienst und zartem Anfängertum, hier ist gewaltiger hierarchischer Abstand, hier gibt es Vorschriften. Natürliche

13

schende, peinliche, entzückende und verkehrte Schauspiel. Der General, des jungen Leutnants ansichtig werdend, verändert auf seltsame Art seine Haltung.

Er nimmt sich zusammen und wird doch gleichsam kleiner. Er dämpft sozusagen mit einem Ruck den Prunk seines Auftretens, er tut dem Lärm des Säbels Einhalt, und während sein Gesicht einen bärbeißigen und verlegenen Ausdruck annimmt, ist er ersichtlich nicht einig mit sich, wohin er blicken soll, was er so zu verbergen sucht, daß er unter seinen Wattebrauen hinweg schräg vor sich auf den Asphalt starrt. Auch der junge Leutnant verrät, genau beobachtet, eine leichte Befangenheit, die aber seltsamerweise bei ihm in höherem Grade, als bei dem greisen Befehlshaber, von einer gewissen Grazie und Disziplin bemeistert scheint.

Die Spannung seines Mundes wird zu einem Lächeln von zugleich bescheidener und gütiger Art, und seine Augen blicken vorläufig mit einer stillen und beherrschten Ruhe, die den Anschein der Mühelosigkeit hat, an dem General vorbei und ins Weite. Nun sind sie auf drei Schritt aneinander. Und statt die vorschriftsmäßige Ehrenbezeigung auszuführen, legt der blutjunge Leutnant ein wenig den Kopf zurück, zieht gleichzeitig seine rechte Hand – nur die rechte, das ist auffallend – aus der Manteltasche und beschreibt mit eben dieser weißbehandschuhten Rechten eine kleine ermunternde und verbindliche Bewegung, nicht stärker, als daß er, die Handfläche nach oben, die Finger öffnet; aber der General, der dieses Zeichen mit hängenden Armen erwartet hat, fährt an den Helm, biegt aus, gibt in halber Verbeugung sozusagen den Bürgersteig frei und grüßt den Leutnant von unten herauf aus rotem Gesicht mit frommen und wässerigen Augen: Da erwidert der Leutnant, die Hand an der Mütze, das Honneur seines Vorgesetzten, erwidert es, indem eine kindliche Freundlichkeit sein ganzes Gesicht bewegt, erwidert es – und geht weiter.

Ein Wunder! Ein phantastischer Auftritt! Er geht weiter. Man sieht ihn an, aber er sieht niemanden an, er sieht zwischen den

Abb. 1: Seitenlayout der Thomas-Mann-Ausgabe. © S. Fischer Verlag

Gespannt war ich, ob vom Verlag bestimmte Wünsche hinsichtlich der zu wählenden Schrift bestehen würden. Denn ich hatte da meine sehr dezidierten Vorstellungen: Ich wusste ganz genau, welche Schrift ich nehmen würde. Aber ich wollte nichts präjudizieren und hoffte, dass die von mir vorgesehene Schrifttype in einem Vergleich mit anderen sowieso obenauf schwingen würde. Das, so glaubte ich, würde die Verantwortlichen eher überzeugen, als wenn ich mich von Anfang an auf eine bestimmte Type festgelegt hätte. So einigten wir uns darauf, von folgenden acht digitalisierten Schriften Probesätze zu erstellen:

1. *Bembo,* ein Schnitt von Monotype aus dem Jahr 1929 nach einer Type, die Aldus Manutius 1495 verwendet hatte,
2. *Dante* von Giovanni Mardersteig in Verona in den 1940er und 50er Jahren nach der gleichen Vorlage von Aldus Manutius entworfen und 1957 von Monotype für den Maschinensatz etwas abgeändert,
3. *Sabon* von Jan Tschichold in der zweiten Hälfte der 1960er Jahre nach Vorlagen gezeichnet, die Claude Garamond um 1530 in Paris geschnitten hatte,

4. *Garamond,* von Adobe in den späten 1980er Jahren hergestellt, ebenfalls nach Vorlagen von Claude Garamond aus der Zeit um 1530,

5. *Minion,* eine Schrift, die Robert Slimbach im Stile französischer Renaissance-Typen auch in den späten 1980er Jahren bei und für Adobe zeichnete,

6. *Janson,* ein Nachschnitt von Linotype aus den 1920er Jahren nach einer Schrift, die der Ungar Nicholas Kis in Amsterdam geschnitten und im Jahr 1668 zuerst verwendet hatte,

7. *Baskerville,* ein Monotype-Schnitt von 1924 nach einer Schrift des Engländers John Baskerville von 1772 und schließlich

8. *Trinité Roman Wide 2,* die der Holländer Bram de Does um 1980 gezeichnet und um 1990 für die Digitalisierung überarbeitet hatte; die einzige aller acht Schriften, die sich nicht auf ein historisches Vorbild beruft.

Von diesen acht Schriften setzte ich auf meinem Mac je eine Doppelseite in vergleichbaren Graden, das heisst mit ungefähr den gleichen Bildgrössen und mit gleichem Durchschuss. Die acht mal zwei Seiten wurden auf einer Heidelberg Speedmaster, einer Offsetmaschine für das Papierformat 70 x 100 cm – also nicht nur auf einer Andruckpresse – auf das vorgesehene Auflagenpapier gedruckt und in zwei verschiedene Stärkebände, einen dickeren und einen dünneren, eingebunden. Sie dienten nicht nur dazu, die verschiedenen Satzproben miteinander zu vergleichen, wir prüften an ihnen auch die Flexibilität und das Öffnungsverhalten der Bücher. Diese beiden Punkte haben uns nicht überzeugt und wir führten deswegen längere Gespräche mit der Buchbinderei.

Die Beurteilung der verschiedenen Satzproben nahmen der Verlag und ich separat vor. Wir hatten uns zuvor geeinigt, aus den verwendeten acht Schriften die drei überzeugendsten auszulesen, aus denen dann in einem zweiten Durchgang die endgültige zu bestimmen sei. Bei diesem Vergleich kamen der Verlag und ich zum gleichen Resultat: Janson, Baskerville und Trinité Roman Wide 2 hielten wir für die geeignetsten. Ich setzte und bearbeitete nun in diesen Schriften alle typografischen Strukturen, von denen ich annehmen konnte, dass sie geprüft werden müssten: Doppelseiten mit glattem Satz, Pagina unten, Pagina oben, lebender Kolumnentitel und Pagina oben, Kapiteltitel mit Text, Kapiteltitel mit Untertitel und Text, Untertitel in der Kolumne, Zeilenzählung im Bund, Zeilenzählung je links, Zeilenzählung je rechts, Zeilenzählung links und rechts außen, Gradabstufungen Werktext, Kommentar, Anmerkungen und Register, Gestaltung der Briefe mit Adressaten, Ort und Datum sowie Absender, Stellenhinweise im Kommentar, Anlage der Register usw. usw., total 160 Seiten in jeder der drei gewählten Typen. Wiederum wurden die Proben auf das Auflagepapier gedruckt und die Bogen in zwei verschiedene Stärkebände eingebunden.

Und nun ereignete sich das, worauf ich von allem Anfang an gehofft hatte: Im Verlag war man einhellig der Auffassung, dass die Satzmuster der Trinité Roman Wide 2 bei weitem die ansprechendsten, einladendsten, lesbarsten waren. Einzig Monika Schoeller, die Verlegerin, trauerte der Baskerville nach, doch ließ sie sich von mir nach kurzer Diskussion umstimmen.

Warum die Trinité? Ich will sie etwas näher vorstellen.

Der Schöpfer dieser Schrift-Großfamilie ist der 1934 in Amsterdam geborene Bram de Does, Typograf, Schriftentwerfer, Pressendrucker, Biogärtner, Schafzüchter und Barockviolinist. Er hat die Schrift um 1980 konzipiert und, wie schon erwähnt, um 1990 für die Digitalisierung überarbeitet. Sie besteht aus drei verschiedenen Varianten:

Trinité 1 mit kurzen Ober- und Unterlängen, je Roman und Italic

Trinité 2 mit normalen Ober- und Unterlängen, je Roman und Italic

Trinité 3 mit langen Ober- und Unterlängen, je Roman und Italic

Die drei Roman-Schnitte sind in einer normalbreiten und in einer schmaleren Version erhältlich (Wide und Condensed) und alle Schnitte auch als halbfette Version (Medium). Von den Roman-Schnitten 1, 2, 3 ist, allerdings nur in *einer* Breite, eine fette Version (Bold) vorhanden. Damit stand mir ein gut ausgebautes Instrumentarium zur Verfügung: Für den Inhalt die Version Trinité Roman Wide 2 mit der zugehörigen Italic, für die Rückentitel Trinité Roman Condensed 2 und für Schuber und Umschläge Trinité Medium Condensed 2.

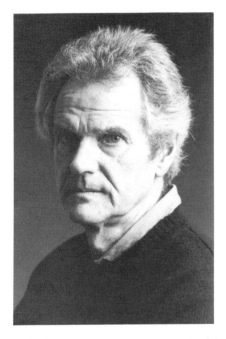

HadddpppeH

HadddddppppeH

Trinité Roman Wide 2
Trinité Roman Condensed 2
Trinité Italic 2

Trinité Roman Medium Wide 2
Trinité Roman Medium Condensed 2
Trinité Medium Italic 2

Trinité Bold 2

Abb. 2: Bram de Does und die Schriftfamilie der Trinité.

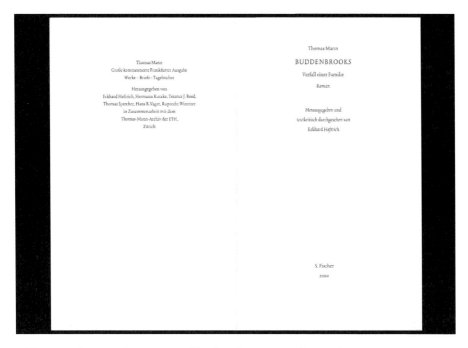

Abb. 3: Titel-Doppelseite zu *Buddenbrooks*. © S. Fischer Verlag

Für die Innentypografie waren nun, da die Schrift bestimmt war, sämtliche vorkommenden Spezifikationen festzulegen, sodass die Herstellungsabteilung im Verlag sich während der auf 15 Jahre veranschlagten Produktion jederzeit danach richten konnte. Tatsächlich habe ich in den letzten 6 Jahren nur zweimal ein kleines gestalterisches Detail nachliefern müssen, das ich nicht vorausgesehen hatte.

Für 38 Bände, 20 davon aufgeteilt in zwei Teilbände (Text und Kommentar), also für total 58 Bücher hatte ich die Titelseiten zu gestalten – eine besondere Herausforderung. Die Anlage sollte für alle möglichen Titellängen, mit oder ohne Untertitel, mit Nennung eines oder mehrerer Herausgeber, für Text- und Kommentarbände das gleiche einheitliche Bild ergeben.

„Eines aber kann ich Ihnen jetzt schon sagen", meinte gleich zu Beginn Wilfried Meiner, der Hersteller: „auf waagrecht geprägte Rückentitel werden Sie verzichten müssen. Der schmalste Band ‚Fiorenza, Lyrik, Gesang vom Kindchen' ist nur 13 mm breit, also viel zu schmal für einen waagrechten Satz – Sie werden ihn stürzen müssen, und wenn Sie *einen* Rückentitel senkrecht stellen, müssen Sie alle andern ebenfalls." Dass die Rückenprägung für eine sonst nach klassischen Maßstäben gestaltete Gesamtausgabe nicht waagrecht laufen sollte, dazu wollte ich es aber nicht kommen lassen. Und hier bewährte sich eben der Entscheid für die Trinité: Mit der schmalen Version, der Trinité Roman Condensed 2, war das Kunststück möglich.

Abb. 4: Entwürfe für die Rückentitel.

Einige Mühe bereitete uns die Auswahl des geeigneten Überzuggewebes. Wir haben aus dreissig verschiedenen Fabrikaten mit mittlerem bis dunklem Blau – ich weiß, dass das nicht gerade eine professionelle Farbbezeichnung ist – die endgültige Sorte nach folgenden weiteren Kriterien (in dieser Reihenfolge) ausgesucht: Lichtechtheit, möglichst gute Prägeeigenschaft, Scheuerfestigkeit.

Noch schwieriger war die Wahl des Umschlagpapiers. Es sollte ein warmes Beige sein, aber die Lichtechtheit aller in Frage kommenden Handelssorten ließ sehr zu wünschen übrig. Schließlich entschlossen wir uns zu einer Extraanfertigung. Das Papier, das die Papierfabrik Scheufelen in Oberlenningen herstellte, ist zwar nicht absolut lichtecht (was übrigens fast unmöglich ist), weist aber einen entsprechend guten Wert auf und ist relativ stark geleimt und damit genügend reißfest.

Während die Innentypografie und die Rückenprägung klassisch mittelaxialen Prinzipien folgen, wollte ich Umschläge und Schuber dynamischer, also asymmetrisch gestalten, ein wenig plakathaft, auf Fernwirkung im Schaufenster bedacht. Dazu eignete sich am besten die halbfette Variante der schmalen Version: Trinité Medium Condensed 2.

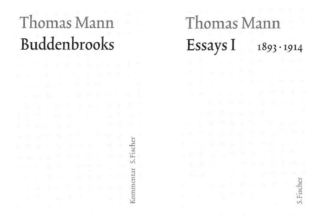

Abb. 5: Umschläge von *Buddenbrooks* und *Essays I*. © S. Fischer Verlag

Dass die Trinité-Schriften mit der Medium eine halbfette Version haben, die man nicht nur auf Umschlägen und Schubern verwenden kann, sondern auch für die Werbung, war denn auch der Grund, dass Monika Schoeller auf die Baskerville verzichtete. An einem Text für ein Kleinplakat oder ein Inserat zeigte ich ihr die Überlegenheit der Trinité über die Baskerville: Hier die lieblos gezeichnete Halbfette der Baskerville und dort der gleiche Text in der Trinité Medium Condensed 2. Er braucht im Ganzen zwar etwas mehr Raum, hat aber eine ganz andere, viel literarischere Anmutung und wirkt bei genau gleicher Satzbreite auf viel größere Distanz.

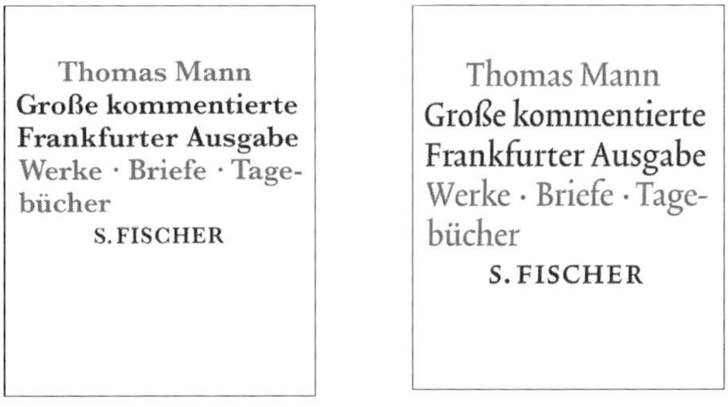

Abb. 6: Entwürfe mit Baskerville und Trinité für Kleinplakat oder Inserat.

„Es gibt", so hat Hans Peter Willberg einmal geschrieben, „gute Gründe, warum sich Typografen sorgfältig überlegen, welche Schriften sie verwenden."

boundless und *satz—wechsel:* Konzepte zweier Künstlerbücher

usus Ulrike Stoltz & Uta Schneider

1. Historischer Hintergrund

Bekanntlich entstand die Arts-and-Crafts-Bewegung Ende des 19. Jahrhunderts als eine Reaktion auf die Industrialisierung in jener Zeit, die damit verbundene allgemeine Beschleunigung sowie deren ästhetische Auswirkungen. Setzmaschinen und Schnellpressen hatten die Buchproduktion stark verändert; und William Morris lässt sich vielleicht von heute aus gesehen als der Begründer einer „Slow-Book"-Bewegung beschreiben. Buchkunst, so könnte man sagen, beginnt in dieser Zeit mit ihm und den anderen so genannten Privat-Pressen, für Deutschland seien als Beispiel die *Bremer Presse* oder die *Cranach Presse* genannt. Der konzeptionelle Ansatz ist kein verlegerischer, sondern geht vom Buch und seiner Form und Gestaltung aus. „Entsprechend werden meist alle Bereiche der Produktion, also Textauswahl, Satz, Umbruch, Druck, Einband und Vertrieb, vom Betreiber einer Presse selbst, bzw. mit eigenem Personal ausgeführt."[1] Meist werden Texte der Weltliteratur von hohem literarischen Anspruch in manchmal sogar eigens dafür geschnittenen Schriften von Hand gesetzt und gedruckt. Die ästhetische Form orientiert sich am Klassischen, vor allem an den Werken von Aldus Manutius.

Aus Frankreich kennen wir die Malerbücher, die *Livres des Peintres*, von Joan Miro, Pablo Picasso, Henri Matisse und anderen. Sie sind der Druckgrafik verpflichtet, vor allem der Farblithografie. Auch im Rahmen der russischen Avantgarde entstehen experimentelle Bücher, das bekannteste ist vielleicht der Text *Für die Stimme*[2] von Vladimir Majakowski, gestaltet von El Lissitzky. Auf Seiten der eher angewandt arbeitenden Typografen und Buchgestalter ist vor allem Jan Tschichold zu nennen. Er stellt in gewisser Weise eine Figur des Übergangs dar: Als junger Mann nannte er sich aus Begeisterung für die künstlerische Moderne Iwan; er adaptierte deren Ideen und entwickelte daraus die *neue Typografie* mit radikal funktionalem Ansatz. In diesen Kontext gehören auch die Arbeiten von Theo van Doesburg und Kurt Schwitters, deren Beispiel zeigt, dass damals die Grenzen zwischen angewandter Gestaltung und freier Kunst recht fließend waren. Sowohl die bibliophile Bewegung als auch die Moderne in der Kunst finden durch die Nazi-Zeit und den Zweiten Weltkrieg – zumindest in Deutschland – ein Ende.

In den USA entsteht im Kontext von Neo-Dada und Fluxus in den 1950er- bis 1970er-Jahren eine ganz andere Art bibliophiler Bücher, die *Artists' Books*. Das Motto

---

1 http://www.klingspor-museum.de/Sammlungen/Pressendrucke.html.
2 Vladimir Majakowski: Dlia golosa (Für die Stimme). Berlin: Gosizdat, 1923.

heißt hier: „Das Buch ist ein demokratisches *Multiple*". Dementsprechend sollen die Auflagen möglichst unlimitiert sein. Technisch wird der zu jener Zeit für die Industrie noch relativ neue und daher günstige Offsetdruck favorisiert. Berühmt geworden ist das Buch *Twentysix Gasoline Stations*[3] von Ed Ruscha, das ursprünglich nur etwa drei Dollar gekostet haben soll. Bekannt sind auch die Künstlerbücher von Lawrence Weiner, einem Wegbereiter der konzeptuellen Kunst.

In Deutschland entstehen parallel zur Verbreitung des Offsetdrucks und dem damit verbundenen Verschwinden des Hochdrucks und Handsatzes die so genannten *Handpressen*, häufig betrieben von ehemaligen, arbeitslos gewordenen oder umgeschulten Setzern. Sie kaufen das industriell jetzt überflüssig gewordene Material günstig ein, und produzieren in Kellern, Garagen, Scheunen ihre Bücher. Inhaltlich reicht das Spektrum von Texten der Weltliteratur, die immer noch gerne gewählt werden, über Nonsense-Texte bis hin zu den Texten noch unbekannter Schriftsteller.

Als Förderer junger Schriftsteller ist vor allem V. O. Stomps mit seiner Stierstädter *Eremitenpresse* zu nennen. Daneben sei exemplarisch die *edition fundamental* von Richard Müller erwähnt. Schließlich muss die *Mainzer Minipressenmesse* genannt werden, 1970 von Norbert Kubatzki gegründet. Das Motto hieß: „Jeder, der selber druckt, darf kommen". Dort fiel zum Beispiel Barbara Fahrner mit der *edition lieder* auf, ebenso die *Editions Despalles* von Françoise Despalles und Johannes Strugalla oder die *Flugblattpresse* von Peter Malutzki, Heidi Hübner und Manfred Prochotta.

Das etwa war die Situation, als wir 1985 an der Hochschule für Gestaltung in Offenbach am Main unser Studium der Visuellen Kommunikation abschlossen. Wir hatten unsere ersten Bücher bereits an der Hochschule realisiert. Auch als Diplomarbeiten entstanden Bücher, die Stiftung Buchkunst hatte ein Buch von Uta Schneider prämiert[4], und so gründeten wir als Folge all dieser Erfahrungen und Ermutigungen die Gruppe *Unica T*. Das Motto: „*Unica T* ist eine fiktive Person, die reale Bücher macht."

Die Gruppe aus anfangs sechs, später vier Frauen bestand insgesamt 15 Jahre (von 1986 bis 2001). Zur Gruppe gehörten außer uns beiden noch Anja Harms, Ines von Ketelhodt, Irmtraud Klug-Berninger und Doris Preußner. Die ausgehenden 1980er waren buchgestalterisch und typografisch von enormen Veränderungen geprägt. Während des Studiums waren wir bereits intensiv mit dem Fotosatz in Kontakt gekommen, konnten aber auch die große Handsetzerei der Hochschule nutzen. Daneben gab es noch den Composer, ein von IBM auf der Grundlage der Kugelkopf-Schreibmaschine entwickeltes Satzgerät. Zu Beginn unserer Selbständigkeit nach dem Studium verhielten wir uns antizyklisch: Während die Kollegen für teures Geld die ersten Apple-Computer kauften, erwarben wir einige Regale Handsatz. Und damit legten wir los. Wir verstanden uns nie als Verlegerinnen, auch nicht als Pressendruckerinnen, wir waren keine Jüngerinnen Gutenbergs. Wir definierten uns als Künstlerinnengruppe mit dem Anspruch, das Buch als künstlerisches Medium zu nutzen und dessen Grenzen auszuloten. Wir haben so ziemlich alle Möglichkeiten verwendet, um Text auf Papier zu brin-

---

3   Edward Ruscha: Twentysix Gasoline Stations, 1962.
4   Friederike Mayröcker: So ein Schatten ist der Mensch. Offenbach am Main 1985.

gen, von der Handschrift über die Schreibmaschine, Stempel und alle bereits erwähnten Satzverfahren bis hin zum Computersatz, natürlich. Wir haben Auflagen von Hand gedruckt (bis zu 70 Exemplare); es entstanden aber auch Kleinstauflagen in Variationen oder Unikate in Serien.

Wir verarbeiteten die verschiedensten Materialien, auch solche, die nicht unbedingt typisch für Bücher sind wie Metall oder Stoff. Wir erforschten die Möglichkeiten der verschiedensten Buchformen jenseits des Kodex, wie z. B. Leporello oder auch die Palmblattbindung. Es entstanden Bücher nur mit Bildern (nicht zu verwechseln mit *Bilderbüchern*, dieser Begriff wird meist mit Kinderbüchern assoziiert); während der Text die Tendenz zeigte, sich aus dem Buch heraus zu entwickeln und in verschiedenster Form den Raum zu erobern.

Seit der Auflösung von *Unica T* setzen wir beide unsere künstlerische Zusammenarbeit als Duo *usus* fort. Nach wie vor arbeiten wir sowohl einzeln als auch gemeinsam. Für diese künstlerische Zusammenarbeit entwickeln wir die verschiedensten Spielregeln und nutzen die unterschiedlichsten Medien, zum Beispiel das inzwischen schon fast veraltete Fax-Gerät mit Thermopapier[5]. Und wir setzen und drucken, wir zeichnen und fotografieren, wir schreiben.

2. *satz—wechsel*

Vor diesem Hintergrund stellen wir heute zwei unserer gemeinsamen Arbeiten vor: *satz—wechsel* und *boundless*. Bei *satz—wechsel*[6] handelt es sich um eine Reihe von insgesamt 21 Heften aus Transparentpapier, die in einem Schuber gesammelt sind. Die Auflage beträgt 10 Exemplare.

Im Heft *aller zeiten* entwickelt sich über die Doppelseiten dieser Text:

> lass es in umlauf kommen. lass es tief in die ohren fallen, unverständlich, unausgesprochen. / lass einen langen nachhall entstehen. lass ihn hindurch strömen. / lass es sich jederzeit ereignen. an jedem ort. ein widerhall. lache lautlos. / schwimme im fluss, rücklings, paddle mit den beinen, schau zu den sternen. lass den großen wagen / sich um die achse der welt drehen, lass die milchstraße schweigen. buchstabiere die gestirne, während eine sternschnuppe fällt. / suche zukunft und vergangenheit, unerklärt, zeitverzögert, verloren. / bewege die wörter dort oben, lass einen buchstaben herabfallen. / lass ihn verglühen. verwandle ihn in staub. verdichte ihn. lass ihn landen auf dem papier, schwarz, kometengleich. wünsch dir was. / entdecke, verändere, verrätsele, reich an zeichen. / trage nachrichten in alle zeiten.

---

5   Ulrike Stoltz & Uta Schneider: Faxdialog. Offenbach am Main 1995. Leporello als Faxkopie auf Thermopapier von der Rolle.

6   *usus* Ulrike Stoltz & Uta Schneider: satz—wechsel. Offenbach am Main 2004.

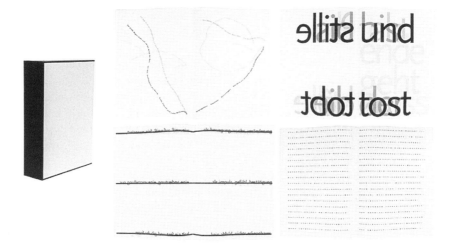

Abb. 1: *satz—wechsel:* **21 Hefte im Schuber (oben: Hefte 19 und 16; darunter: Hefte 15 und 10).** © Foto: *usus,* **Offenbach am Main**

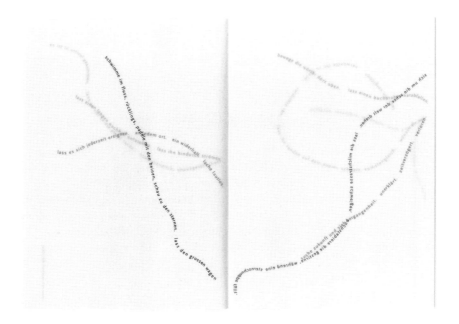

Abb. 2: *satz—wechsel:* **Heft 19:** *aller zeiten.* © Foto: *usus,* **Offenbach am Main**

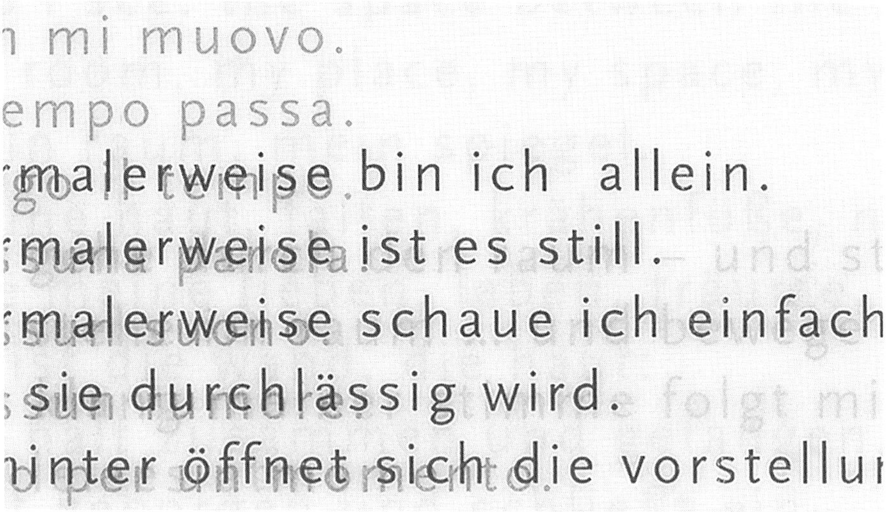

n mi muovo.

empo passa.

rmalerweise bin ich allein.

:malerweise ist es still.

:malerweise schaue ich einfach

; sie durchlässig wird.

ninter öffnet sich die vorstellu

Abb. 3: *satz—wechsel:* Detail Heft 14: *luce di stelle.* © Foto: *usus,* Offenbach am Main

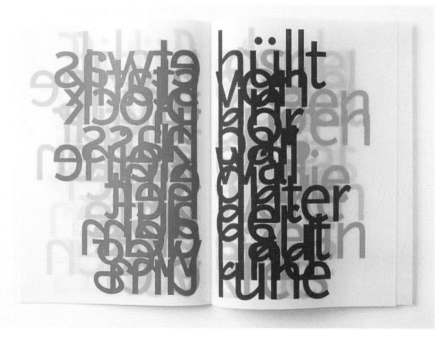

Abb. 4: *satz—wechsel:* Heft 4: *auge mit.* © Foto: Bärbel Högner, Frankfurt am Main

Abb. 5: *satz—wechsel:* **Detail Heft 15:** *stille. atemlos?* © **Foto:** *usus,* **Offenbach am Main**

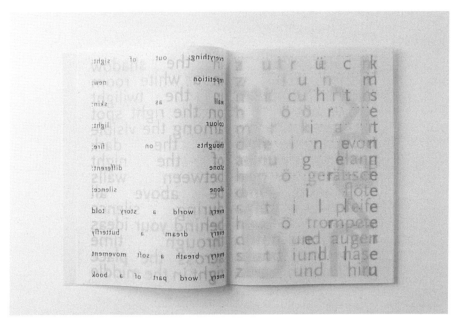

Abb. 6: *satz—wechsel:* **Heft 8:** *dreht sich der große wagen um.*
© **Foto: Bärbel Högner, Frankfurt am Main**

Wie kommt diese Form zustande? Die Textgrundlage bildet ein per E-Mail geführter Dialog. Die Spielregel lautete: Jede beginnt einen Text mit nur einem Satz, einen anderen mit einem kleinen Absatz. Diese wurden wechselseitig fortgeschrieben, wobei Einzelsätze nur mit ebensolchen Einzelsätzen fortgesetzt werden durften, auf kleine Absätze konnten dagegen ebenfalls Absätze folgen. Die erste Variante erforderte also sprachliche Prägnanz und Kürze, während die zweite auch Beschreibungen und narrative Elemente zuließ. Ein Thema war nicht vorgegeben, dieses ergab sich beim Schreiben.

So entstanden vier Texte, die wir ab einem gewissen Punkt gemeinsam für beendet erklärten und für die nun folgende Phase der Gestaltung als Steinbruch benutzten. Auch hier gab es eine Spielregel. Wir einigten uns auf eine Schrift, die *Scala Sans,* sowie auf ein Format und darauf, dass die einlagigen Hefte im schwarz-weißen Laserdruck auf Transparentpapier gedruckt werden sollten. Eine Gesamtanzahl an Heften wurde vorher nicht festgelegt. Jede von uns begann recht spontan, Sätze oder Abschnitte aus dem Ursprungstext herauszunehmen und typografisch umzusetzen. Hier verwischten sich nun, ohne große Absprache, die Grenzen zwischen Autorin und Setzerin. Während wir setzten, also der Sprache eine typografische Form gaben, schrieben wir die Texte fort, veränderten sie. Für keine von uns war es möglich, geschriebene Sprache losgelöst von ihrer visuellen Form zu betrachten. Schriftschnitt, Schriftgröße, Laufweite, Zeilenabstand und Position auf der Seite wurden non-verbaler Bestandteil des Textes.

Schon in der Anfangsphase, als der Fokus doch eigentlich auf dem Schreiben lag, gab es diesen Zusammenhang zwischen Schreiben und Setzen. Für den E-Mail-Dialog hatten wir uns nicht nur in der sprachlichen Form auf Sätze und Absätze festgelegt, sondern diese Rahmenbedingung entstand bereits auf typografischer Grundlage: Ein Satz sollte in der für den E-Mail-Dialog festgelegten typografischen Form in der zum *Schreiben* gewählten Schrift, Größe und Satzbreite genau in eine Zeile passen.

Dass die Veränderung der visuellen Form immer auch auf den Text selbst zurückwirkt, sieht man auch an den traditionellen Korrekturfahnen, die von manchen Autoren geradezu exzessiv überarbeitet wurden. Dies hängt auch damit zusammen, dass ich meinen eigenen Text anders lese, wenn er anders aussieht. Die Veränderung der visuellen, also typografischen Form macht den eigenen Text wieder fremd. Diese Fremdheit schafft die Distanz, die es braucht, um einen zumindest etwas objektiveren Blick auf die subjektive Arbeit zu richten. Diese Rückkoppelungsprozesse laufen bei uns, denken wir, vielleicht noch bewusster ab, weil wir als Typografinnen nicht nur die rein sprachliche Form des Textes bearbeiten, sondern immer auch die visuelle Form und die damit verbundene Aussage mit *im Blick* haben.

In der Phase der Gestaltung richteten wir unser Augenmerk genauer auf die typografische Form. Wie wird ein Text rezipiert, wenn er groß oder klein, gesperrt oder kompress gesetzt ist? Wie kann man einen Text schwerer lesbar machen und wie weit kann man dabei gehen? Welcher Textabschnitt aus dem Ursprungstext inspiriert zu welcher typografischen Umsetzung und welche Folgen hat eben diese Umsetzung für die sprachliche Form des Textes?

Das Papier ist bewusst gewählt. Es unterstreicht die Gleichwertigkeit des Visuellen neben dem Sprachlichen, indem durch die Transparenz nicht nur die Komposition auf der jeweiligen Doppelseite zu sehen ist, sondern vorhergehende und folgende Seiten immer mitwirken. Die Konstellationen der Seiten und Doppelseiten verflechten sich, die Tiefe des Buchraums scheint auf. Der Charakter des Buchs als Ablauf von Seiten in der Zeit wird dadurch noch betont. Schichtungen von Text werden möglich; ein Text erschließt sich ganz sinnlich erfahrbar erst im Blättern der Seiten; vorangegangene und nachfolgende Seiten beeinflussen die gerade aufgeschlagene und werden dort mitgelesen.

Abb. 7: *satz—wechsel*: **Heft 16:** *im weiss.* © **Foto:** *usus*, **Offenbach am Main**

Den Text aus dem Heft *luce di stelle* empfinden wir sozusagen als inhaltlichen wie stilistischen Schlüssel. Mit ihm schließen wir die Vorstellung des Buchs *satz—wechsel* ab:

> Ich gehe durch den Raum. Während ich mich durch den Raum bewege, vergeht Zeit. Bei meiner Bewegung durch den Raum nehme ich etwas mit. Was vorher an einem Ort war, wird so an einen anderen Ort transportiert.
>
> I am looking at the wall right in front of me. I am looking at the wall across the room. And I see: the space between the walls is my space, is my room, is my place. My room, my place, my space, my mirror. Mein Raum, mein Spiegel. Meine Haut, Falten, Krähenfüße, Narben. Alle meine Lieben, Leben, Träume, Wunden. Da ist die Wand, die Haut: sie hält zusammen und gefangen, hält geborgen und schließt ein, schützt und begrenzt, sichert und behindert. Alles gleichzeitig. Innen und außen. Gleichzeitig, aber nicht gleich.

Ich gehe durch den Raum – und stehe doch still. Ich stehe im Raum – und bewege mich doch. Der Klang meiner Stimme folgt mir voraus. Ein leises Atmen.

Sto fermo nella sala. Non mi muovo. Il tempo passa. Tengo il tempo. Nessuna parola. Nessun suono. Nessun rumore. Solo per un momento. Lascio andare. Tutto ripete dall'inizio. Dov'è il silenzio? Lo senti? Normalerweise bin ich allein. Normalerweise ist es still. Normalerweise schaue ich einfach auf die weiße Wand, bis sie durchlässig wird. Dahinter öffnet sich die Vorstellung, umhüllt von den Träumen, gehalten von der Pupille, die alles in sich hineinfallen lässt.

I am walking in a room. Step by step, I am measuring the room. Step by step, from corner to corner. With each step it seems to change its size. Am I being watched? I am standing in the corner. I am looking to the centre. I am turning around. I am looking at the wall. What do I see?

Ich verleihe meiner Vorstellung Flügel, um das Schweigen zu brechen, um das leere Blatt zu fühlen, um den Raum zu beleben, um Welt zu erzählen, um der Patina eine weitere Schicht hinzu zu fügen. Zwischen Zwielicht und dem Zirpen der Zikaden, zwischen Zwetschgenkernen, zwischen zwei spitzen Steinen, zwischen zischelnden Schlangen, zwischen Zittern und Zweifel, zwischen den Zeilen, zwischen den Jahren.

Stille um mich herum. Zwischen den Schichten, zwischen den Zeilen, Spatium: Ich gehe spazieren in der Zeit, im Wortzwischenraum, im Durchschuss, im Ungesagten, im klar umrissenen Nichts. How high the horizon. Indifferent light. This place is filled with my imagination. Anything left? Ich reibe den Schmutz von den verworfenen Belanglosigkeiten. Alles, was Aufmerksamkeit erfährt, beginnt irgendwann zu glänzen.

Ich schließe die Augen. Der schwarze Raum weitet sich. Falling over feeling through unlimited night. Ich erinnere mich. Il suono della poesia is without knowing.

Schattenspiele. Sulla riva del tempo / il canto dell'onda traccia il ricordo / della barca nel fondo. / Il signo della matita / traccia il sogno dell'orizzonte. / Brillare di parole / come luce di stelle.

3. *boundless*

Die zweite Arbeit, die wir ausführlicher vorstellen, heißt *boundless*[7]. Sie entstand während eines Arbeitsaufenthaltes als artists-in-residence bei *Nexus Press* in Atlanta. *Nexus Press* war, neben dem *Visual Studies Workshop* in Rochester, eine der beiden großen und bedeutenden Künstlerbuch-Pressen in den USA, wo zahlreiche und bekannte US-amerikanische Buchkollegen und -kolleginnen Projekte durchführten. Ursprünglich hervorgegangen aus einer Studierenden-Initiative der dortigen Universität, war *Nexus Press* vor allem dem fotografischen Buch verpflichtet. Dementsprechend stand dort eine (Ein-Farben)-Offset-Presse zur Verfügung; die Auflagen waren im Vergleich zu unseren ausgesprochen hoch und lagen bei 500 bis 1000 Exemplaren; die Verkaufspreise konnten – auch durch den handwerklich-technischen Einsatz der beteiligten Künstlerinnen und Künstler sowie durch viele Praktikantinnen und Praktikanten – sehr niedrig gehalten werden.

Für diese Arbeit entwickelten wir die Idee des *Bootbuches*, und *boundless* ist damit auch das Zentrum unseres *Bootbuch-Projekts*[8]. Wir nehmen die Metapher beim Wort und begreifen Boote und Bücher als Container und Transportmittel für Inhalte. Diese Parallelen wollten wir sichtbar machen. Bildliches Zentrum ist eine Serie von Fotografien, die die Passage eines Bootes unter einer Brücke zeigen. Aneinander gelegt ergeben sie das ganze Boot. Jedes Bild ist dabei ein Druckbogen. Diese sieben Druckbögen sind gefalzt, aber nicht, wie sonst üblich, gebunden – *boundless*. So entstehen sieben Leporelli, jedes ein Kapitel für sich.

Die Kapitel und ihre Untertitel lauten:
1. Buchbinde-Schiffe in den 70er Jahren // the story is already there
2. Buch. Behälter. Box. // every text has to be spooned out
3. Buch—Boot—KALL—Lyrik: in vier Dimensionen zwischen den Zeilen lesen // and stars number the pages
4. Seekarte 18-07-2001 / 11:48:12 / 58°18'73" N / 29°39'15" W // listen, far out the horizon
5. Portolan – Navigieren in der Unsicherheit // waking up in different stories
6. Flavius Vegetius Renatus: Namen und Anzahl der Winde // and perhaps yesterday will arrive soon
7. Ordnungen des Universums // text enrolls into the night

Diese Leporelli zeigen zunächst die Textseiten, lassen sich aber auch wie ein gewöhnliches Buch blättern und lesen. Wenn man sie auffaltet, wird über den Texten eine gemeinsame Zeichnung als Ganzes sichtbar; auf der Innenseite gelangt man zu den Fotografien. Letztendlich besteht jedes Buch aus gefalzten Druckbögen, die zu Lagen geheftet werden. Wir hingegen verzichten auf die Heftung der sieben Lagen und gewinnen damit die Assoziation Landkarte/Seekarte hinzu.

---

7 *usus* Ulrike Stoltz & Uta Schneider: *boundless*. Atlanta 2002.
8 Http://www.boatbook.de.

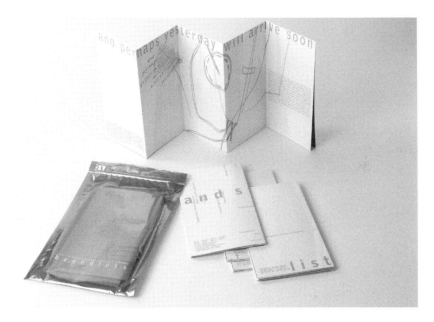

Abb. 8: *boundless*: sieben Leporelli im static shield bag.
© Foto: Bärbel Högner, Frankfurt am Main

Mit dem Bescheid, als *artists-in-residence* nach Atlanta zu kommen, war für uns klar: Mit diesem Thema können wir nicht hin*fliegen*! Wir nahmen ein Schiff und fuhren mit dem Containerschiff *Canmar Courage* von Hamburg nach Montreal. In einer Woche an Bord entstanden viele weitere Fotografien, aber auch gemeinsame Texte und eine Sammlung an *found poetry*. Nicht alles davon konnten wir in unserem Bootbuch-Projekt direkt verwenden.

Während der Arbeit bei *Nexus Press* wurde schnell klar, dass Bild- und Text-Ebene bei *boundless* im Wesentlichen getrennt bleiben müssen; einzig die Zeichnung kann hier eine Verbindung zwischen Schreiben und Bild herstellen. Die Zeichnungen für *boundless* entstanden gemeinsam. Dabei begann jede von uns eine Reihe von Zeichnungen, die nicht abgeschlossen, sondern an die andere zur Weiterarbeit übergeben wurden (Vgl. dazu auch die Zeichnungsserie *courage for nexus,* Abb. 12). Im kontinuierlichen Hin und Her führten Improvisieren, Ergänzen, Fortsetzen und Konterkarieren zu einer Anzahl von Blättern, aus denen dann gemeinsam ausgewählt wurde. Inhaltlich sollte das *Bootbuch* darüber hinaus eine Brücke sein zwischen Europa und Amerika, also altem und neuem Kontinent, aber auch zwischen alter und neuer Technik.

Alle Texte, seien sie von uns geschrieben oder gefunden oder als Zitate bewusst gesucht, wurden in ihrer jeweiligen Originalsprache belassen: Deutsch als unsere Muttersprache, Englisch als Sprache unseres Gastlandes wie als Brückensprache in aller Welt, und Latein als *Lingua Franca* im alten Europa.

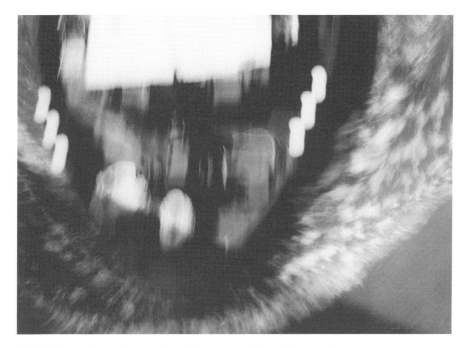

Abb. 9: *boundless:* **die erste der sieben ganzseitigen Fotografien.**
© **Foto: Ulrike Stoltz, Offenbach am Main**

Abb. 10: *boundless:* **Leporello 2: Buch. Behälter. Box.**
© **Foto: Bärbel Högner, Frankfurt am Main**

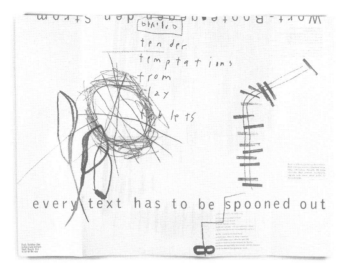

Abb. 11: *boundless:* **Leporello 2: Buch. Behälter. Box, ungefaltet.**
© **Foto: Bärbel Högner, Frankfurt am Main**

Abb. 12: *courage for nexus* (sieben Zeichnungen, Stempel, Blaupause, Acryl, 2001).
© **Foto:** *usus,* Offenbach am Main

Abb. 13: *boundless:* **Leporello 4: Seekarte 18-07-2001 / 11:48:12 / 58°18'73" N / 29°39'15" W. © Foto: Bärbel Högner, Frankfurt am Main**

Abb. 14: *boundless:* **Leporello 3: Buch—Boot—KALL—Lyrik.**
© Foto: Bärbel Högner, Frankfurt am Main

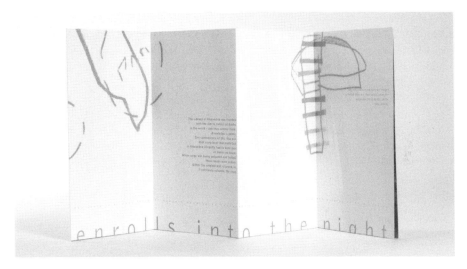

Abb. 15: *boundless:* **Leporello 7: Ordnungen des Universums.**
© Foto: Bärbel Högner, Frankfurt am Main

Das Kapitel *Buch—Boot—KALL—Lyrik* ist in vier Dimensionen lesbar; jedes der vier Themen ist parallel zu einem der vier Formatränder gesetzt. Die Einzelworte verbinden sich zu Konstellationen, zu Wortfeldern, der Raum zwischen den Zeilen und Worten muss mitgelesen werden.

Besonders interessant: das Kapitel über *Buchbindeschiffe*. Zugrunde lag der Hinweis eines Papierhändlers, dem wir begeistert von unserem Projektvorhaben erzählt hatten. Er fragte, ob wir denn noch nie von Buchbindeschiffen gehört hätten, welche es in den 1970er Jahren gegeben habe. Bereits damals hätten die Verlage ihre Bücher aus Kostengründen in Fernost drucken lassen. Um zudem kostbare Zeit zu sparen, seien diese Bücher auf dem Rückweg nach Europa an Bord so genannter *Buchbindeschiffe* gebunden worden. Er hätte damals jemanden gekannt, der damit zu tun gehabt hätte, und wollte diesen noch einmal danach fragen. Auf diese Antwort wollten wir nun nicht warten und begannen unsere eigene Recherche. Verlagshersteller, Typografen, Buchgestalter – jeder, der in irgendeiner Weise davon wissen könnte – wurde von uns angeschrieben. Das entsprechende Leporello-Kapitel von *boundless* enthält alle Antworten! Eine Kostprobe:

> Sehr geehrte Frau Stoltz, habe nun nochmals mit Kollegen kontaktet, die während dieser Zeit aktiv im Beruf tätig waren. Die Aussage ist dazu folgende: Diese Schiffe soll es in den 70ern gegeben haben, aber sie verkehrten nur zwischen Hongkong und Australien. Aber nicht nach Europa!!! Was erklärbar scheint, denn wie reagiert man bei einem Transport von ca. 4 Wochen auf hoher See, wenn eine Störung bei der Produktion auftritt. Ich denke, diese Meinung kann man publizieren! Beste Grüße, P. S., V. R. H.

Unsere eigenen Texte nahmen Ausschnitte aus verschiedensten Gedichten zum Thema Meer als Ausgangspunkt und bearbeiteten diese in einem mehrfach wiederholten Prozess von Übersetzung, Umschreibung, Variation und Fortschreibung, bis völlig eigenständige Texte entstanden waren. Damit wird deutlich, in welche Richtung wir uns weiter entwickelt haben.

Wir arbeiten an unseren eigenen Themen, dazu gehört auch das Schreiben eigener Texte. Und unsere künstlerische Arbeit beschränkt sich nicht auf das Buch, sondern findet auch zu anderen Formen wie Installation, Fotografie und Zeichnung. Gleichwohl bleiben Typografie und Buch, also im Grunde die bildhafte Form von Sprache, im Zentrum unserer künstlerischen Position.

Zum Abschluss zwei eigene Texte aus dem letzten der sieben Kapitel bzw. Leporelli:

1

heute nachmittag hab ich den tag gezeichnet, ein versunkenes schiff, ein wrack unter den wogen, am grund. hör doch, hör genau zu, dieser klang, der mich erfüllt mit metaphern, bildern, gedichten, über die see – allein: kein wort wird bleiben. unter den seiten schwebt die sonne, und in den kabinen flutet die zeit.

2

Jeder Text muss ausgelöffelt werden
offenen Auges
Staub im Regal
die Geschichte wird enden
schwarzweiß
steht die Pagina auf Nacht.

Gedanken zur Schriftgestaltung

Hans Jürg Hunziker

Schriftgestaltung ist erneut ein aktuelles Thema. Auch die Schulen haben dieses Gebiet wieder entdeckt, angespornt durch die Möglichkeit, Schriften auf einfache Weise am Rechner zu gestalten.

Schriften Zeichnen ist das Interpretieren einer bestehenden Grundform. Es geht nicht um die Neuerfindung von Zeichen sondern um die Bewahrung der fixierten Buchstabenformen, deren Struktur.

Schrift sollte lesbar sein, damit sie ihrer Rolle als Medium gerecht wird. Der wirtschaftliche, soziale und kulturelle Wandel stimuliert und beeinflusst die Neuinterpretation, die Suche nach einem aktuellen Ausdruck. Wir finden dies im Design und in der Architektur. Auch in der Musik, wenn wir historische und neue Aufzeichnungen vergleichen oder das gleiche Werk interpretiert von verschiedenen Solisten oder Dirigenten.

Ausgangspunkt jeder Gestaltung ist die Zielsetzung. Weshalb eine Schrift zeichnen? Wozu wird die Schrift gebraucht, wo wird sie eingesetzt? Die Zielsetzung war für Johann Gensfleisch Gutenberg klar: Nachbildung eines bestimmten kalligrafischen Modells in einer bestimmten Grösse. Die neue Technik des Setzen und Druckens, die kulturellen, wirtschaftlichen und technischen Entwicklungen, erlaubten neue Gestaltungsmöglichkeiten.

Abb. 1: Bibel, 42 Zeilen, 1455/1456 Johann Gensfleisch Gutenberg, Schrift: Textur.

Schriften wurden in verschiedenen Grössen geschnitten, eigenständige Kursivschriften entstanden, bevor sie zur Variante eines geradestehenden Schnittes wurden. Die verschiedenen Epochen prägten das Schriftschaffen. Fette und serifenbetonte Schriften entstehen mit der Werbung und serifenlose Schriften erscheinen um die Jahrhundertwende des 19./20. Jahrhunderts. Bis in die fünfziger Jahre wurden die Schriften für den mechanisierten Blei- oder den Handsatz hergestellt.

Abb. 2: Benjamin Bache Franklin, Großsohn von Benjamin Franklin, um 1790.

Mit der Umstellung der Satzherstellungstechnik vom Blei zum Fotosatz und der progressiven Umstellung der Drucktechnik vom Buchdruck zum Offset hat sich nicht nur die Herstellung der Schriften verändert, sondern auch die Frage des Angebots. Die Typothek musste neu aufgebaut werden. In diesem Kontext hat Adrian Frutiger als erster 1956 eine kohärente Schriftfamilie geschaffen, die Univers, eine Serifenlose, bestimmt für das neuentwickelte Fotosatzsystem Lumitype. Dieses Konzept wurde über die Jahre zu einer Art Standard. Vier Strichstärken, mager, normal, halbfett, fett, geradestehend und kursiv in drei Breiten, schmal, normal, breit. Um sprachliche Probleme in den Bezeichnungen zu vermeiden, hat Adrian Frutiger eine Benennung durch Ziffern vorgeschlagen, die sich letztlich nicht durchgesetzt hat. Heute werden die englischen Bezeichnungen angewendet.

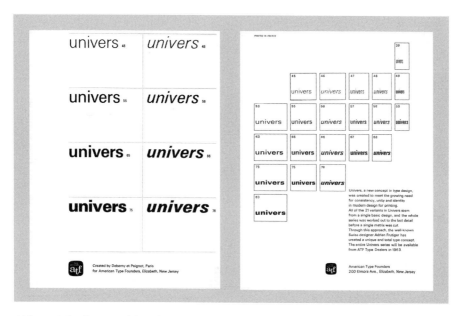

Abb. 3: Schriftmusterblatt der Univers 55, ungefähr 1962, American Typefoundry.

Die Schrift Centre Georges Pompidou

Die Schrift Centre Georges Pompidou: Meine Arbeit an der Entwicklung der Schrift begann 1974 als Mitarbeiter von Adrian Frutiger. Die Anfrage kam von Visual Design, Jean Widmer und Ernst Hiestand, Gewinner des Wettbewerbes für das Erscheinungsbild. Ihr Konzept beruhte auf den Grundlagen: Farbe, Schrift, Vertikalität und die verbalen Konstanten. Die ausgewählte Schrift, die Schreibmaschinenschrift Fine Line, wurde von IBM hergestellt.

Centre Georges Pompidou.

Centre Georges Pompidou.

Abb. 4: Schreibmaschinenschrift IBM Fine Line und die neugezeichnete Hausschrift Centre Georges Pompidou.

Die Schreibmaschinenschrift wurde als Symbol des damals einfachsten Kommunikationsmittels, der Schreibmaschine ausgewählt. Für das Orientierungssystem war sie ungeeignet. Eine Adaptation für den spezifischen Bereich der Signaletik war unumgänglich.

<u>Normalgrösse ab Schreibmaschine</u>

En règle générale, les caractères dactylographiques "Fine line" de
l'IBM Executive sont utilisés pour les textes du Centre
Georges Pompidou. En règle générale, les caractères dactylographiques
"Fine line" de l'IBM Executive sont utilisés pour les
textes du Centre Georges Pompidou. En règle général, les caractères
dactylographiques "Fine line" de l'IBM Executive sont
utilisés pour les textes du Centre Georges Pompidou. En règle générale,

<u>Maximale Vergrösserung</u> (Grossbuchstaben 5mm)

En règle générale, les caractères
dactylographiques "Fine line" de
l'IBM Executive sont utilisés pour les
textes du Centre Georges Pompidou.

Abb. 5: Schreibmaschinenschrift IBM Fine Line.

Die Aufgabe war durch diese Umstände schon klar umrissen. Dies erlaubte, sich nicht an die technischen Vorschriften für eine Schreibmaschinenschrift zu halten, wie gleiche Breite und gleiche Strichstärke für alle Buchstaben Der Kleinbuchstabe r, links, erhält wieder seine natürliche Breite.

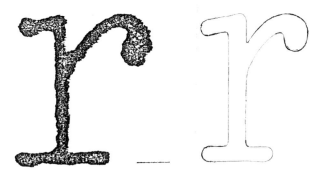

Abb. 6: Schreibmaschinenschrift IBM Fine Line und Bleistiftskizze für die neue Hausschrift.

Die Bestimmung der Strichstärke einer Schrift ist ein delikater, aber sehr wichtiger Prozess. Sie wird grundlegend von der Art der Schrift und ihrer späteren Funktion bestimmt. Im Beispiel Centre Pompidou war die vorgesehene Anwendung der Schrift in vertikaler Position massgebend. Sie musste so definiert werden, dass die Vertikalen, die zu Horizontalen werden, nicht stärker erscheinen. Es ist ein optisches Phänomen, dass wir bei gleicher Strichstärke eine Horizontale fetter empfinden als eine Vertikale.

Abb. 7: Die Strichstärke wurde so ausgewählt, dass die Vertikalen sich nicht abheben, wenn sie zu Horizontalen werden, in einer vertikalen Anordnung.

Reinzeichnung des Kleinbuchstabens r: Jeder Schriftenhersteller hatte seine spezifische Originalgröße für die Weiterverarbeitung. Links für IBM, rechts für das Photosatzsystem VIP von der Firma Linotype.

Abb. 8: Reinzeichnung des kleinen r, Standardgrösse IBM; verkleinert und angepasst auf das 18 Einheiten System der Linotype.

1994, 20 Jahre später wurde ich angefragt einen halbfetten Schnitt zu zeichnen. Der zusätzliche Schnitt war für den Printbereich vorgesehen. Er sollte sich genügend von der Normalen abheben. Ein zu fetter Schnitt hätte die Charakteristik der Schreibmaschinenschrift zerstört.

Centre Georges Pompidou.

Centre Georges Pompidou.

Abb. 9: Erweiterung der Hausschrift mit einem halbfetten Schnitt.

Ein halbfetter Schnitt ist mindestens 150% stärker; in diesem Fall sind es 168%.

Programm
Centre Georges Pompidou

Abb. 10: Bestimmung der Strichstärke der Halbfetten, des Kontrastes.

Wenn es um das Suchen von Formen geht, beginne ich generell mit dem Skizzieren in einer kleinen Grösse.

Abb. 11: Erste Skizzen zur Definition der Schrift.

Für das Centre Pompidou skizzierte ich in der Originalgrösse der Normalen, damit die Zeichen in gleicher Grösse mit der Halbfetten verglichen werden konnten.

Abb. 12: Skizzen des halbfetten Schnittes der Centre Georges Pompidou.

Zur Beurteilung der Buchstaben und Zeichen wurden die Skizzen fotografisch verkleinert, dann die nötigen Korrekturen vorgenommen, wieder verkleinert und überprüft.
Dann erfolgte die Reinzeichnung.

Abb. 13: Verkleinerung der Skizzen zum Überprüfen und Korrigieren der Zeichen.

Die drei r fassen den Arbeitsablauf nochmals zusammen: Skizze, Reinzeichnung, Realisation und die generierte Schrift. Zu diesem Zeitpunkt wurden die Reinzeichnungen
nur noch als Kontur angefertigt für eine Digitalisierung mit einem Handgerät. Das ein-
gezeichnete Fadenkreuz in der Lupe erlaubte eine genaue Positionierung der markierten
Schnittpunkte als Eckpunkte, Tangenten und Rundungen. Ganz rechts der Buchstabe
der generierten Schrift, mit dem Softwareprogramm FontLab geöffnet. Es zeigt, dass die
Buchstaben jeder Schrift durch das Verschieben der Koordinatenpunkte jederzeit modi-
fiziert werden können.

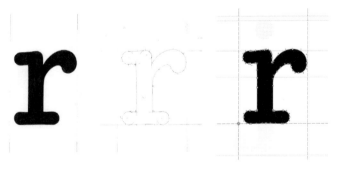

**Abb. 14: Skizze mit Filzstift, Lineare Reinzeichnung, digitalisierter Buchstabe
geöffnet im Programm Fontlab.**

→ **abcdefghijklmnopqrstuvwxyz**
ABCDEFGHIJKLMNOPQRSTUVWXYZ
1234567890,.;:!?–«»‹›@

→ abcdefghijklmnopqrstuvwxyz
ABCDEFGHIJKLMNOPQRSTUVWXYZ
1234567890,.;:!?–«»‹›@

Abb. 15: Die Schrift Centre Georges Pompidou normal und halbfett.

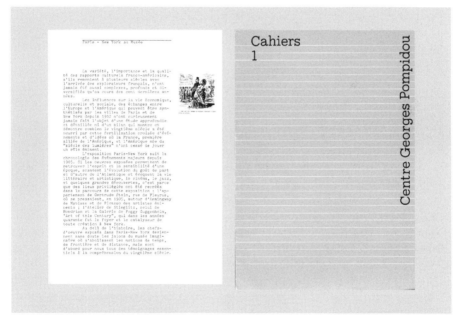

**Abb. 16: Erste Anwendung der Schrift 1977, kombiniert mit der Schreibmaschinen-
schrift. Zu diesem Zeitpunkt besteht die visuelle Identität noch ohne Signet.**

Mit diesem Beispiel habe ich auch den Arbeitsablauf angesprochen. Das zweite Beispiel,
der Entwurf der Schrift Siemens, erklärt ganz Allgemeines des Schriftgestaltens und er-
läutert das eingebettete Konzept.

Hausschrift Siemens

Die neue Hausschrift für Siemens war eine Aufgabe, die alle Möglichkeiten offen liess. Sie sollte die Handschrift von Siemens werden, wie es die Kommunikationsfirma Weiden und Kennedy definiert hatte. 1847 hat Werner Siemens die Firma gegründet. Die Schrift sollte das verbindende Glied der weltweit in mehr als 50 Ländern vertretenen Tochtergesellschaften werden.

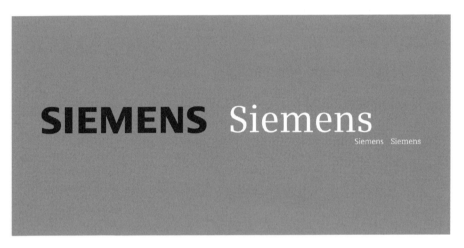

Abb. 17: Der Siemens Schriftzug und die Schrift Siemens.

Will man in diesem Kontext eine Schrift entwerfen, stellt sich die Frage nach der Einstellung des Designers. Adrian Frutiger vergleicht seine Tätigkeit mit der eines Backsteinbrenners, der die Grundelemente herstellt, die andere verwenden. Wie konnten diese Grundelemente für den „Architekten" Siemens aussehen? Normal, schmal, breit. Als Textschrift sollte sie eine normale Laufweite haben.

Abb. 18: Proportion der Grundschrift: normal.

Das Beispiel zeigt fünf Schriften, diejenige der letzten Zeile empfinden wir schon als schmal. Diese Schrift, die Meta, hatte eine andere Zielsetzung. Sie war ursprünglich für das Deutsche Telefonbuch vorgesehen als eine Konsultationsschrift.

nnnnnnnnnnnnnnnnnnnnnnnnnn

nnnnnnnnnnnnnnnnnnnnnnnn

nnnnnnnnnnnnnnnnnnnnnnnn

nnnnnnnnnnnnnnnnnnnnnnnn

nnnnnnnnnnnnnnnnnnnnnnnnn

Abb. 19: Vergleich mit anderen Schriften, Univers, Siemens, Syntax, Futura, Meta.

Der Vorteil einer normal laufenden Schrift besteht in einer klaren Differenzierung zwischen vertikal und rund. Das ergibt einen lebendigen Rhythmus gegenüber einem starren Takt ohne Formdifferenzierung.

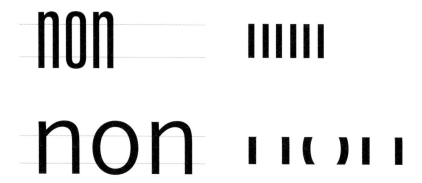

Abb. 20: Grundlegendes, Rhythmus und Lesbarkeit.

Einer der wichtigsten Punkte im Schriftdesign ist die Zurichtung der Schrift, das Bestimmen der Abstände zwischen den Buchstaben. Diese Abstände werden im Zusammenhang mit dem Innenraum der Buchstaben definiert. Es ist die Wechselbeziehung zwischen der Innenform und der Form zwischen den Buchstaben, welche die Qualität einer Schrift ausmacht.

Abb. 21: Die Wechselbeziehung der Innen- und Gegenform.

Die Siemens reiht sich in die Gruppe der Textschriften ein. Was verbindet die Textschriften miteinander? Was haben sie gemeinsam?

Content is the raw material of design.
Content is the raw material of design.
Content is the raw material of design.
Content is the raw material of design.
Content is the raw material of design.
Content is the raw material of design.
Content is the raw material of design.

Abb. 22: Leseschriften, Bembo, Sabon, Minion, Utopia, Siemens.

Auf der Suche nach einer Antwort hat Adrian Frutiger vor vielen Jahren acht gebräuchliche Schriften ausgewählt. Jede Schrift hat ihre eigene Charakteristik, illustriert durch die Porträts.

Die Überlagerung zeigt klar das Gemeinsame, die Proportion einer idealen, virtuellen Skelettform.

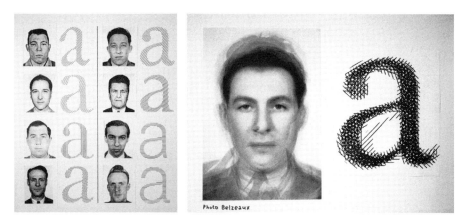

Abb. 23: Die Überlagerung ergibt eine virtuelle, gemeinsame Grundform der normal laufenden Textschriften.

Zusammengefasst: Ein Skelett kann für unterschiedliche Schriftarten verwendet werden, beispielsweise Renaissance, klassizistisch, serifenbetont oder serifenlos.

Abb. 24: Die gleiche Skelettform, für unterschiedliche Schriftarten.

Für mich war das gemeinsame Skelett für die Grundbuchstaben n und o die Grundlage zur Entwicklung der Schriftfamilie Siemens. Überlagerung der Serif, in grau und der Sans, schwarze Kontur.

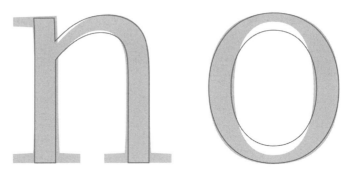

Abb. 25: Ausgangspunkt der Schrift Siemens.

Die Ausgangslage war geklärt, ungeklärt war noch die Schriftart, die Siemens repräsentieren sollte. Es war mir klar, dass es nicht eine Serifenschrift der Renaissance sein konnte, sondern eine des späteren 18. Jahrhunderts, das Jahrhundert der Aufklärung, des Rationalismus. Das neue Bewusstsein könnte man mit dem Aufrichten der Achse in die Vertikale interpretieren.

Abb. 26: Vergleich zwischen der Renaissance Antiqua Minion und der Klassizistischen Antiqua Didot.

Diese amerikanische Architektur widerspiegelt die neue Offenheit dieser Epoche (Abb. 27).

Abb. 27

Für mich war auch klar, dass die Siemens Serif nicht die Aktualisierung eines historischen Modells werden sollte. Die grundlegende Abweichung zeigt sich im differenzierten fett/fein Kontrast.

Abb. 28: Vergleich zwischen der Didot und der Siemens Serif.

Zusätzlich zeigt sich der Unterschied zum traditionellen Vorbild in den Endungen, im gekehlten Abstrich und in der Abweichung von der traditionellen Tropfenform. Der gekehlte Stamm soll der Schrift Wärme verleihen. Dies sind Mittel, um der Schrift Charakteristik zu geben.

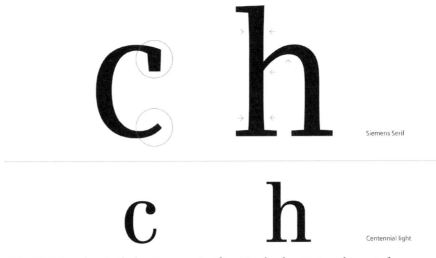

Siemens Serif

Centennial light

Abb. 29: Charakteristik der Siemens Serif im Vergleich mit einer historisch nachempfundenen Schrift.

Die Kursive sollte der Laufweite der Geradestehenden ähnlich sein, nur leicht kursiv, damit auch sie für Texte eingesetzt werden kann.

Über die Zukunft zu schreiben, vom Jahr 2000 zu reden, das war die Lieblings-beschäftigung der Techniker und Wissen-schaftler in den frühen sechziger Jahren. Das seither verflossene Vierteljahr-hundert hat uns gelehrt, was man immer schon wußte, daß die Zukunft uns nicht den Gefallen tut, so zu werden, wie wir sie voraussagen.

Abb. 30: Textbeispiel der Siemens Serif Italic.

Siemens Serif italic

n v

Centennial light italic

Abb. 31: Charakteristik der Siemens Serif Italic: die Serifenform.

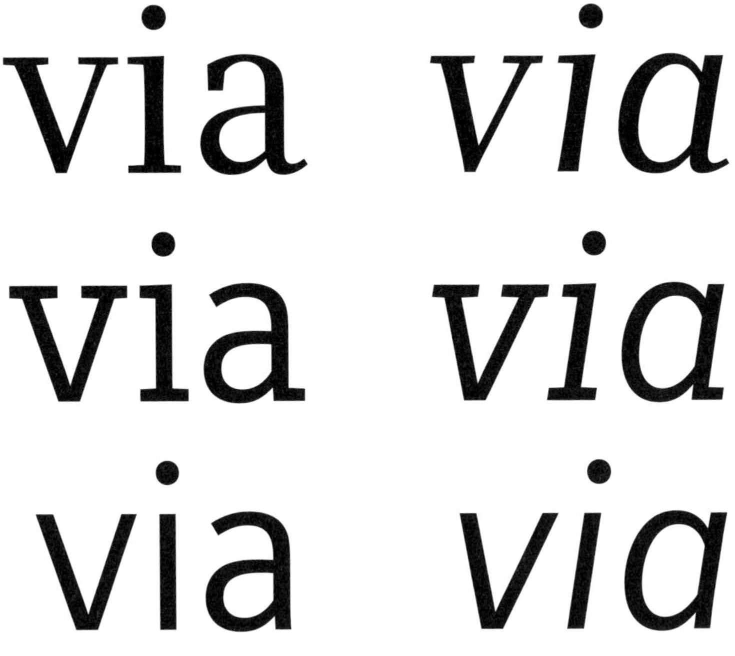

via *via*

via *via*

via *via*

Abb. 32: Einheitliche Kursivform in den drei Schriftarten.

Der Unterschied zu einer traditionellen Kursive zeigt sich zusätzlich in den Endungen, die von der Geradestehenden übernommen wurden. Das verstärkt die Verwandtschaft innerhalb der Familie zwischen der Serif und der Slab.

Was die drei Schriftenarten Serif, Slab und Sans miteinander verbindet sind die optisch gleichen Ausläufe, die trapezförmigen Serifen und der runde Punkt.

Abb. 33: Das Verbindende in der Schriftfamilie Siemens.

Slab Serif ist die englische Bezeichnung für eine serifenbetonte Linearantiqua. Die Siemens Slab ist eine Kombination der Serif und der Sans. Diese Vorgehensweise, kombinatorisch und flexibel zugleich, verkörpert für mich auch die Tätigkeit der Person Siemens als Ingenieur oder Architekt, wie sie von einer Kommunikationsfirma definiert wurde.

Abb. 34: Übernahme von Formelementen der Sans und der Serif für die Gestaltung der Siemens Slab.

Die Überlagerung der Serif mit der Slab zeigt, dass das Kombinieren kein automatischer Prozess war, sondern ein jeweiliges Anpassen an die spezifische Schriftart. Eine leichte Anpassung beim Grossbuchstaben L, Veränderung des Bogens beim G.

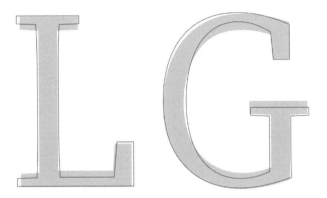

Abb. 35: Die Slab Serif mit den Formelementen der Sans und der Serif. Überlagerung der Slab und der Serif.

Die Überlagerung des Kleinbuchstabens I zeigt das optische Anpassen der Schriftstärke in der Familie. Die Sans und die Slab sind identisch, die Serif ist etwas stärker, um die Kehlung des Stammes zu kompensieren.

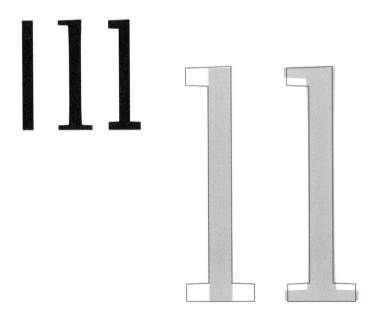

Abb. 36: Optisches Angleichen der Strichstärken in den drei Schriftarten.

Heute, 6 Jahre nach der Fertigstellung der lateinischen Schnitte 2002 ist die Siemens auf einen sogenannten Global Font ausgebaut worden.

Die Siemens Global besteht aus
drei Schiftarten für das lateinische Schrifttsystem
Siemens Serif, Siemens Slab, Siemens Sans
in drei Strichstärken, geradestehend und kursiv,
Kleinbuchstabenziffern, Kapitälchen, Kapitälchenziffern
und Expertenfonts.
     Griechisch und Kyrillisch umfasst auch je drei Schriftarten,
in 3 Stichstärken geradestehend und kursiv.
     Die Siemens Global umfaßt folgende Schriftsysteme:
**ARMENISCH, GEORGISCH, HEBRÄISCH, ARABISCH,
DEVANAGARI, MALAIISCH, THAILÄNDISCH, VIETNAMESISCH,
HEBRÄISCH, CHINESISCH, JAPANISCH, KOREANISCH.**

Abb. 37: Entwicklung der Schrift Siemens als „Global Font".

Die Schrift Siemens verstehe ich als eine organisch entwickelte Schriftfamilie. Dieses Bild der Bäume möchte mein Vorgehen illustrieren. Alle Bäume haben Stämme und Äste, die Form jedoch wird durch die jeweilige Baumart bestimmt (Abb. 38).

Abb. 38

Gestaltung und Vermarktung in einem Kleinverlag

Josef Felix Müller

Die Gestaltung und die Vermarktung im VEXER Verlag sind Themen, die mich als Verleger immer wieder beschäftigen. Unter Gestaltung verstehe ich natürlich nicht nur die Wahl des Papiers, der Ausrüstung und der Schrift für eine Publikation. Die Gestaltung fängt ganz klar bei der inhaltlichen Ausrichtung, bei der Programmidee des Verlages an. Deshalb finde ich es notwendig, Ihnen einige Einblicke zu meinem Werdegang als Künstler und zu meinen Motivationen zu vermitteln, die 1985 zur Gründung des VEXER Verlags geführt haben. Dabei kann ich gleichzeitig auch mein Selbstverständnis als Künstler und Verleger klären.

Ich gehöre zu den Kunstschaffenden, die Lust haben sich in laufende Kulturdebatten einzumischen, Stellung zu beziehen und die eigene Sicht auf die Welt darzulegen. Das ist oft unbequem, anstrengend und oft auch irritierend. Aber die Reflexion der mehr oder weniger kulturellen Mitwelt ist für mich eine unabdingbare Voraussetzung für meine eigene künstlerische Arbeit und für die Auseinandersetzung mit der vergangenen, der gegenwärtigen und der zukünftigen Kunstproduktion. Zu meiner künstlerischen Strategie gehört seit den späten Siebzigerjahren auch die Kunstvermittlung mit all ihren Möglichkeiten. Bei dieser Arbeit wird jedes Produkt, sei das nun ein Text, ein Buch oder eine Malerei, zu einer immer wieder überprüfbaren Wegmarke auf einer Lebenswanderung.

Eine vertiefte Beschäftigung mit Gegenwartskunst hat für mich mit dem Betrieb einer eigenen Galerie begonnen. In einem ehemaligen Milchladen an der Zürcherstrasse in St. Gallen leitete ich von 1980 bis 1982 die St.Galerie. Das kleine Ladenlokal war immer verschlossen, da ich aus Kostengründen kein Personal anstellen konnte. Die Eröffnungen der Ausstellungen fanden auf der Straße statt und die Installationen konnten rund um die Uhr von außen durch zwei Schaufenster betrachtet werden, die sich dem Publikum wie ein aufgeschlagenes Buch präsentierten. Jeden Monat begann ein neues Kapitel mit einer eigens für den Raum konzipierten Ausstellung.

Abb. 1: Christoph Herzog, „Schweineschrift", 1980.

Ich behauptete immer, dass ich die bestbesuchte Galerie der Welt leite, denn an diesem Ort fuhren damals täglich über dreißigtausend Autos vorbei. Ein Rotlichtsignal
und dauernder Stau garantierten, dass mindestens jede dritte Person genügend Zeit
hatte, einen Blick in das Kunstschaufenster zu werfen. In diesem Raum zeigte ich vor-
wiegend junge, damals wenig bekannte Schweizer Kunst, unter vielen anderen etwa
Rut Himmelsbach, Roman Signer, Walter Pfeiffer, Peter Fischli, David Weiss, Anna
Winteler usw. Meine eigene Arbeit stellte ich in diesem Raum nie aus, da ich keine
Selbsthilfegalerie führen wollte. Für mich entwickelte sich aber ein wichtiges Kon-
taktnetz unter Künstlern und Kunstkritikern. Jean Christophe Ammann, der damalige Direktor der Kunsthalle Basel entdeckte meine künstlerische Arbeit nur dank meiner Galeriearbeit.

Der unorthodoxe Ausstellungsraum bewährte sich damals als Experimentierfeld und
als Ort für Kontakte und Auseinandersetzungen mit Kunst und Kunstschaffenden. Hier
lernte ich auch sehr viele junge Künstlerinnen und Künstler kennen. Die bekannteste
von allen ist heute sicher Pipilotti Rist, die damals noch ganz am Anfang von ihrem
künstlerischen Weg stand. Die Ausstellungen waren sehr ungewöhnlich für die damalige
Zeit. Der *Geisterhafte Raum* etwa von Olivia Etter oder die ersten Polyethylen Skulpturen von Fischli und Weiss, die den Raum gefüllt hatten mit Autoreifen, mit einem Au-
tomotor, diversen Möbeln, einem brennenden Ast usw. Im Zentrum des Raums lag eine
Muttersau mit ihrem üppigen Wurf. Diese Arbeit wurde Jahre später in modifizierter
Form angekauft vom Museum Darmstadt. Oder Roman Signer, der bei seiner Ausstel-

lung mit Hilfe einer Luftdruckflasche, innert Sekunden, den ganzen Raum mit schwarzer Farbe verspritzte. Das Resultat blieb dann einen Monat lang als Installation sichtbar.

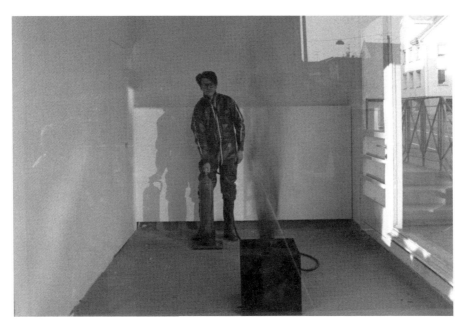

Abb. 2: Roman Signer, Aktion am 21.4.1981, Metallkubus, Farbe, Druckluft.

Diese Aktion war für Signer sehr wichtig, weil es die allererste Performance vor Publikum war. Vorher hatte er seine Aktionen immer für sich alleine durchgeführt und mit dreiminütigen Superachtfilmen dokumentiert. Das gesamte Filmmaterial von 1975 bis 1989 – das waren mehr als drei Stunden Film – gab ich dann 1989 als Videoband im VEXER Verlag heraus. Mit Roman Signer entwickelte sich eine langjährige verlegerische Begleitung seiner Arbeit. Für den VEXER Verlag realisierte er die ersten Multiples und für die Kunsthalle St. Gallen gab ich seine erste Fotoedition mit dem Titel „Einbruch im Eis" heraus. Diese Beispiele verdeutlichen, dass alles, was wir in der Öffentlichkeit als Kunst wahrnehmen, in einem ersten Schritt erarbeitet und gestaltet, in einem zweiten Schritt vermittelt und dann im letzten Schritt vermarktet werden muss. Dieser Weg dauert oft sehr lange. Künstlerische Arbeiten werden in der Entstehungszeit oft als radikal, hässlich und unverkäuflich empfunden. Der Weg zum Erfolg ist für viele sehr beschwerlich und führt auch oft in Sackgassen. Nur mit einer unerschütterlichen Beharrlichkeit über lange Zeit hinweg ist nachhaltiger Erfolg möglich. Wichtig ist im Kunstbetrieb ein instinktiver Riecher für Qualität, denn das frühe Erkennen einer wichtigen künstlerischen Position ist das Kapital der Zukunft.

Viele Erfahrungen, Kontakte und Netzwerke, die sich für meine Verlagsarbeit und für meine künstlerische Laufbahn als enorm wichtig herausgestellt haben, gehen auf die

Anfangszeit mit der St.Galerie zurück. Damals, zwischen 1979 und 1981, entstanden die ersten Drucksachen und kleinen Publikationen zum Beispiel von Alex Hanimann, in Form von billigen Kopien von Zeichnungen, Collagen, Fotos usw., die als Einladungskarten und Informationsmaterial dienten. Ich musste immer günstige Druckmöglichkeiten finden, um mein bescheidenes Budget nicht zu strapazieren. Ich habe erwähnt, dass sich die zwei Galerieschaufenster wie ein aufgeschlagenes Buch gegen die Straße hin präsentiert haben. Auf diese Überlegung, dass ich das Buch als Gedankenraum, als eigentliches Gefäß für Ideen begreife, werde ich später noch ausführlicher zurückkommen.

Schon in den Achtzigerjahren hatte ich als Künstler einen super Lauf. Es war mir ein großes Anliegen, dieses Kapital und die Energie weiterzugeben und befreundete Kulturschaffende, Künstlerinnen und Künstler, die mich interessierten, in mein System einzubeziehen und an meinem Erfolg teilhaben zu lassen. Für dieses Anliegen gründete ich 1985 unter anderem den VEXER Verlag (vexer bedeutet im Französischen irritieren).

Es war mir dank meiner Kunstverkäufe finanziell möglich, Bücher, Multiples, Videos usw. herauszugeben und an ein interessiertes Publikum zu vermitteln. In dieser Zeit der schnellen Bilder begeisterte ich mich vor allem für ausgefallene Texte aus dem Bereich der Kunst, der Musik, der obskuren Forschung oder aus dem alltäglichen Leben. Im Buchdruckverfahren, in Blei gesetzt, entstanden zehn Texteditionen in kleinen handgebundenen Auflagen. Das Binden einer neuen Publikation war immer ein Fest unter Freunden. Dabei wurden neue Projekte entwickelt und kulturpolitische Pläne geschmiedet. Dazu muss man sagen, dass St. Gallen in den Achtzigerjahren ein kulturelles Entwicklungsland war. Das Kunstmuseum war zwanzig Jahre lang wegen Baufälligkeit geschlossen, der Kunstverein begnügte sich mit einem sehr bescheidenen Ausstellungsraum. Kulturelle Höhepunkte wurden damals vor allem von der Erker-Galerie und vom Erker-Verlag gesetzt. Aus diesem Klima der kulturellen Erneuerung und aus dem gesellschaftlichen Umbruch dieser Zeit heraus entstand auch der Verein Kunsthalle St. Gallen, den ich mit kulturinteressierten Menschen mitbegründet habe. Ich organisierte Ende der Achtzigerjahre sehr viele Ausstellungen für die Kunsthalle, deren erster künstlerischer Leiter ich bis 1996 war. Dabei waren zum Beispiel die erste große Video–Installation von Pipilotti Rist und Muda Mathis oder Malerei und Skulptur von Beate Günther und Tobias Hauser aus Berlin, eine raumfüllende Installation von Boris Nieslony, Zeichnungen von Marlene Dumas, Miriam Cahn und Jochem Hendricks usw. Ich erwähne das an dieser Stelle, weil natürlich meine Kontakte zu Künstlerinnen und Künstlern durch den VEXER Verlag auch in Ausstellungen in der Kunsthalle mündeten oder umgekehrt zu Projekten im Verlag führten.

Nach den bescheidenen Textheften am Anfang entstanden mit der Zeit immer aufwändigere Projekte, zum Beispiel die Dokumentation des Konzerts „Draht" der Musiker Möslang-Guhl, 1988 das Buch *Roman Signer Skulptur* oder 1989 das immer noch sehr schöne Künstlerbuch „Mit den kleinen Wölfen heulen" von der Wiener Künstlerin Ingeborg Strobl.

Das Produzieren von Büchern war damals sehr viel aufwändiger. Satz, Fotografie und Gestaltung waren noch Handarbeit. Aber das Haptische, das sinnliche Element einer Publikation, ist für mich auch heute noch die Triebfeder des Multiplizierens. Vielleicht bilden aber auch meine bäuerischen Gene die Basis an der Lust zu säen und zu ernten und möglichst große Vorräte von dieser Art der geistigen Nahrung anzulegen.

Abb. 3: Vexer Büro von Josef Felix Müller am 26. Juni 2008.

Aber was soll diese Vervielfältigung überhaupt noch in unserer digitalisierten Zeit? Wir haben heute die Möglichkeit, Bilder über Satelliten in Sekunden um die ganze Welt zu schicken. Vom Internet können wir ganze Bildarchive, Fotosammlungen, Musik, Filme usw. legal oder illegal herunterladen. Die CD-Industrie und auch die Verlage wurden in den letzten Jahren dadurch arg gebeutelt. Es stellt sich schon die Frage, ob heute ein künstlerisches Werk nicht viel effizienter in Form einer gepflegten Homepage anstatt als teure Publikation vermittelt werden kann. Braucht es überhaupt noch Kleinverleger und Multiplikatoren für Kunst?

Wir werden täglich mit einer beispiellosen Bilderschwemme überflutet. Ist es wirklich sinnvoll, in dieser Situation noch eigene Bilder herzustellen, und diese Bilder sogar noch zu multiplizieren? Mit dieser Frage werde ich als Künstler und auch als Verleger immer wieder konfrontiert.

Das Copyright von Autorinnen und Autoren kann wegen der Verfügbarkeit im Internet kaum mehr durchgesetzt werden. In der Kunst wird dieser Wildwuchs noch beschleunigt, weil sehr viel Kunst über Kunst produziert wird. Bei dieser Art der Vereinnahmung, Aneignung oder böse gesagt bei diesem globalen Ideenklau von Werken müssen Kulturschaffende neue Wege finden, um die Originalität ihrer Werke zu behaupten. Heute wird ja in der Kunst oft mit sehr viel Geld die Produktion eines „Kunstwerks" an Assistenten oder an Produktionsfirmen delegiert. Die Autorenschaft liegt hier eben im Finden von Material das dann in einer professionellen Werkstatt zu einem „Kunstwerk" aufgeblasen wird. Der Marktwert dieser Werke wird zu einem großen Teil allein schon durch die Material- und Produktionskosten legitimiert.

Abb. 4: Josef Felix Müller, Wasserstand 01.01.2008, Öl auf Leinwand, 135 x 202 x 3 cm.

Als Gegenmodell zu diesen delegierten Kunstprozessen entschloss ich mich um die Jahrtausendwende für eine Verlangsamungsstrategie in meiner Arbeit. Die Lage verändert sich immer wieder, und das bedingt den Mut für Analysen, Richtungswechsel und Entscheidungen.

Mir wurde bewusst, dass meine eigene Lebens- und Arbeitszeit mein Kapital und die Energie ist, mit der ich meine Werke aufladen und entwickeln kann. Dieser Entscheid zur persönlichen Entschleunigung veränderte meine Sicht auf die Mitwelt ganz radikal. Einen Sekundenbruchteil, einen kurzen Klick meiner Digitalkamera verwandle ich in einem mehrwöchigen, meditativen, malerischen Arbeitsprozess, in ein Konzentrat von Zeit, in Form von Malerei. Es entstehen eigentliche Zeitbilder.

Die gleichen Überlegungen zur Markthektik mache ich mir natürlich auch als Verleger. Jede neue Produktion prüfe ich heute viel gründlicher auf ihre Notwendigkeit, die adäquate Form und auf meinen persönlichen Lustgewinn hin. Daher gilt für jede Produktion, dass mich der Inhalt und vor allem der Mensch, der als Autor dahinter steht, persönlich interessieren muss, bevor ich mich für ein Projekt entscheide. Mit vielen Künstlern habe ich im Lauf der Zeit mehrere Projekte realisiert. Das Multiplizieren von Kunst kostet Geld und die Vermittlung und der Vertrieb sind zeitintensiv. Ganz im Gegensatz zur originalen Kunstproduktion ist es ja so, dass man bei Auflagen nicht einen, sondern viele Käufer braucht, um die Unkosten wieder einspielen zu können. Zudem gibt es immer weniger Orte, wo solche Produkte angeboten werden. Buchhandlungen leisten sich heute kaum noch eine Kunstabteilung, schon gar nicht für Kleinverleger, und Galerien sind vor allem an attraktivem Gratiswerbematerial von „ihren" Künstlern, in Form von Katalogen interessiert. Bei jedem neuen Projekt steht somit die Frage im Raum, wer es finanziert und wer es kaufen soll. Bei der Finanzierung möchte ich möglichst autonom bleiben und suche daher zuerst nach günstigen Produktionsmöglichkeiten. Dazu gehört auch eine realistische Einschätzung der verkaufbaren Auflage. Ich publiziere heute im VEXER Verlag jedes Jahr nur noch wenige Werke. Es gibt aber immer noch gute Gründe, Kunst in allen möglichen Formen zu multiplizieren. Ich erlebe immer wieder, dass durch das Erarbeiten einer Publikation, eines Multiples oder einer CD eine ganz spezielle Art von Konzentration durch den Arbeitsprozess entsteht. Die Notwendigkeit, ein Projekt in der Erarbeitung so weit zu bringen, dass sich eine Auflage und die damit anfallenden Kosten rechtfertigen, zwingen die Kunstschaffenden zur Selbstreflexion und zu einer eigenen Bestleistung.

Was mich auch immer wieder interessiert, ist die Möglichkeit der Vernetzung durch die Multiplikation.

Abb. 5: Monika Müller-Hutter und Josef Felix Müller an der Art Basel 1992.

Wenn ich mir vorstelle, dass durch jede Auflage eines Buches, einer Grafik oder eines Multiples die Chance entsteht, dass eine Gruppe von Menschen durch ein spezielles Produkt miteinander verbunden wird, empfinde ich das als etwas sehr Spannendes. Das Vervielfältigen einer Idee ist ja schon bei der Produktion mit der Hoffnung verbunden, dass diese Arbeit so viel Gehalt hat, dass sie nicht nur für den Künstler, sondern auch für andere Gültigkeit hat.

Für mich begründet sich die Lust auf Multiplikation in der Tatsache, dass wir in einer Gemeinschaft leben und dass wir gemeinsame Werte und Bilder brauchen, um uns zu orientieren und um uns auszutauschen. Wir sind alleine nicht lebensfähig und Kunst ist eine wunderbare Möglichkeit der Kommunikation.

Wir lernen durch die Erinnerung und durch retardieren. Wenn wir ein Kind spielerisch in die Luft wirbeln, will es dieses Spiel immer wieder spielen. Aber nicht nur Kinder, auch wir Erwachsenen brauchen die Wiederholung weil wir nicht fähig sind, Vielschichtigkeit durch einmalige Handlungen zu erfassen. Für komplizierte Inhalte müssen wir uns Zeit nehmen, wie bei einem Buch, das wir immer wieder vor- und zurückblättern können.

Wenn ich auf meinen künstlerischen Weg zurückschaue, ist es vor allem meine Lust und meine Neugierde auf noch mehr Einblick in die Natur der Dinge. Eine persönliche Wahrnehmung und Geschichtsschreibung wird sichtbar. Jedes geschaffene oder publizierte Werk wird auch Teil meiner Biographie, die durch die Autorinnen und Autoren mit Inhalt angereichert worden ist. Begegnungen, Gespräche, aktive und verblasste Freundschaften – Austausch, eine Reihe, ein Rhythmus, ein Muster, eine Kettenreaktion. Gedanken, persönliche Welten und Werte wachsen langsam weiter.

Bei all diesen Ausführungen zu meinem Selbstverständnis als Künstler und Verleger wird mir selber immer klarer, dass „Gestaltung" für einen Künstler nicht dasselbe bedeutet wie für einen Designer oder für eine Grafikerin. Als Künstler entspringt die Gestaltung einem künstlerischen System, einem ureigenen Ausdruckswillen, der sich auch in einer eigenen Publikation manifestieren kann. Als Künstler bin ich in der Gestaltung nur mir selbst und meinen selbstbestimmten Inhalten verpflichtet. Die Gestaltung passiert nicht nach den Maßstäben von Lesbarkeit, Verkäuflichkeit, Schönheit oder Zweckmäßigkeit. Sie – die Gestaltung – passiert einfach aus den eigenen Erfahrungen aus der künstlerischen Praxis und den sich immer weiter entwickelnden Sensibilitäten heraus, und sie wird ganz klar zu einem Bestandteil des eigenen künstlerischen Anspruchs.

Wenn ich mich für ein Projekt interessiere, diskutiere ich natürlich mit dem Künstler oder der Künstlerin auch über die ideale Form und die Gestaltung. Es ist aber so, dass Kunstschaffende auch eine Publikation als eigenständiges Werk verstehen und somit kann ich mich als Verleger nur für oder gegen einen Künstler entscheiden. Ich mache im VEXER Verlag schon seit Jahren keine Kunstkataloge mehr, sondern konzentriere mich auf Künstlerbücher in Kleinauflagen. Bei kleinen Auflagen ist es natürlich viel weniger wichtig, einen Umschlag publikumswirksam zu gestalten. Die Produkte müssen das Publikum nicht anspringen, weil es sich um Kostbarkeiten handelt, die sich in einem viel kleineren und langsameren Markt behaupten müssen. Eine immer grösser werdende, treue Kundschaft möchte zum Glück möglichst alle Publikationen des Verlags sammeln.

Die effizienteste Werbemöglichkeit für den Verlag sind Einladungen von Institutionen wie Museen, Galerien oder andere Ausstellungsorte, wo das Verlagsprogramm in einer Gesamtschau präsentiert werden kann. Für den Verlag ist ja nicht nur das kaufende Publikum wichtig. Es ist auch notwendig, dass interessante Kunstschaffende Lust haben, ein Projekt für den Verlag zu realisieren.

Abb. 6: Publikationen aus dem Merve Verlag Berlin.

Als Verleger kommt neben der Gestaltung der einzelnen Publikationen die wichtige Frage der Kreation eines Verlagsprogramms hinzu. Ganz am Anfang überlegte ich mir, ob es sinnvoll wäre, immer das gleiche Format, dieselbe Schrift, das gleiche Farbkonzept als Erkennungsmöglichkeit des Programms zu benutzen. Als konsequentes Beispiel kann hier der Merve Verlag Berlin genannt werden, der in seiner philosophischen Schriftenreihe seit Jahren eine gleichbleibende Gestaltung benutzt. Das immer gleiche Layout mag für eine Studienreihe, die zudem zu einem sehr günstigen Preis verbreitet werden soll, der richtige Weg in der Gestaltung sein. Bei der Produktion von Kunstpublikationen sind die unterschiedlichen künstlerischen Positionen nicht so einfach über einen Leisten zu schlagen

Abb. 7: Rolf Winnewisser, SPUR MAL NARBE, 2007.

Ich musste das in den Anfängen meiner Verlegertätigkeit sehr schnell lernen. Die Schriftenreihe VEXER Nr. 1 bis 10 war als Formatvorgabe nur ganz am Anfang durchsetzbar.
Jede Künstlerin und jeder Künstler hatte seine eigenen Wünsche in Sachen Format,
Schrift, Material, Ausstattung usw. Ich liebte damals den Bleisatz und wollte diese romantische Form des Handsatzes trotz der neuen technischen Möglichkeiten weiterhin
einsetzen. Dieser romantische Gedanke erledigte sich von selbst, denn kaum eine Druk-
kerei war noch interessiert, in dieser alten Manier weiterzuarbeiten. Eine an sich einfache Technik wurde immer mehr zu einem unbezahlbaren Luxus für kleinste Auflagen.
    Mir wurde sehr schnell klar, dass in einem Kleinverlag, der sich mit Kunst beschäftigt,
keine vorgeschriebenen Gestaltungsprinzipien, keine inhaltlichen Normen und keine Ta-
bus in Bezug auf Inhalt und Form vorgegeben werden dürfen. Viel wichtiger scheint mir
für diese Art von Verlag die Kreation eines sich dauernd erneuernden, dehnbaren Den-
kraumes. Ein Gefäß, in dem die verschiedensten Bedürfnisse, Themen und Techniken,
vom gedruckten Buch über kopierte Zettel, Auflagenobjekte bis hin zu Videos, CDs,
Musikkassetten oder in irgend einer Form festgehaltene Ideen Platz haben müssen.

Das zu Gestaltende liegt für mich also keinesfalls im einzelnen Produkt, sondern nur in
meinem Gefäß, das ich für diese Produkte in Form eines funktionierenden Verlages an-
biete.
    Im Unterschied zu einem großen Verlag, der aus markttechnischen Gründen jedes
Jahr ein neues Programm herausbringen muss, entsteht bei mir im Lauf der Jahre nur ein

einziges Programm, das die ganze Zeitspanne meines Lebens in verschiedenen Facetten abbildet. Es entsteht ein sich stetig ausdehnender künstlicher Körper, ein Denk-Raum, der in dem Masse lebendig bleibt, wie ich ihn pflege und weiter wachsen lasse.

Was den VEXER Verlag auszeichnet ist die Tatsache, dass ich noch nie ein Buch verramscht habe. Im Gegensatz zu vielen großen Verlagen habe ich sehr viel Geduld, sehr viel Zeit und eine riesige Freude an meinem vollen Bücherlager und meinem Archiv, das selbstverständlich auch von mir gestaltet worden ist.

Ja die Gestaltung – was ist das und was passiert da eigentlich in der Gesellschaft? Ich habe festgestellt, dass sich das Gestalterische in Sprüngen von ungefähr zehn Jahren radikal verändert. In den Achtzigerjahren prägten die Jugendunruhen die Kunst und die Gestaltung. Kreatives, Gestempeltes, Kopiertes, Gespraytes, Schabloniertes, Politisches, mit primitiven Techniken Vervielfältigtes, Hingeschmiertes, Archaisches, schlecht Fassbares, Feministisches, Schwules usw. beeinflussten den damaligen kulturellen und gesellschaftlichen Umbruch.

In den Neunzigerjahren war es der anhaltende Schock vor der Aids-Epidemie, der eine Vereinzelung und eine Entkörperlichung der Menschen hin zu einer androgynen Technogeneration einleitete. Das förmlich explodierende, bewegte und mit Sound unterlegte Bild prägte diese mediale Zeit, die in einer globalen Party die Jahrtausendwende feierte. Der darauf folgende „Kater" blieb dann nach dem 11. September in den Twin Towers in New York als eingebranntes Bild förmlich stecken.

Nun, in den ersten zehn Jahren des neuen Jahrtausends sind wir immer mehr konfrontiert mit einem absolut austauschbaren globalen Waren- und Konsumangebot, dem Digitalen, dem ohne Verlust kopierbaren. Mir scheint es, als würde die ganze Gesellschaft nicht nur entkörperlicht wie in den Neunzigerjahren, sondern geradezu entpersonifiziert.

Die Kultur kann und muss hier etwas Persönliches dagegenhalten.

Es wird Zeit, entschlossen an den kommenden Zwanzigerjahren dieses Jahrhunderts zu arbeiten und dafür neue kulturelle Konzepte und Strategien zu entwickeln. Es ist mir klar, dass wir uns in vielen parallelen Welten befinden. Wohlstand und Technik, Armut und Krieg, Überfluss und Hunger, Wissen und Analphabetismus. Die einzelnen Menschen sind einsam und gleichzeitig Teil einer Mega-Party. Das müssen wir zuerst einmal aushalten.

Dazu gibt es auch ganz neue Möglichkeiten der Kommunikation und der Information. Wer nun aber glaubt, der zukünftige Freiraum für Kultur liege allein im Internet oder neue Märkte und Vermarktungsmöglichkeiten seien erschlossen durch eine Homepage oder durch das Versenden von Tausenden von Mails täuscht sich gewaltig. Ich glaube immer noch an den unersetzbaren Wert von persönlichen Beziehungen und Netzwerken, gepaart mit einem großen Durchhaltewillen und langanhaltender Beharrlichkeit.

Aber das wichtigste scheint mir immer noch ein guter Riecher für Menschlichkeit, denn nur darin liegt die kulturelle Qualität als Kapital der Zukunft.

Hinwendung zum unauffällig Schönen: Das gut ausgestattete Gebrauchsbuch und seine Entwicklung

Christine Felber

1.

Im Jahr 2007 zeigte die Universitätsbibliothek Bern eine Ausstellung zum Thema *Reclam. Die Kunst der Verbreitung*.[1] Anlass war nicht etwa der 200. Geburtstag des Verlagsgründers Anton Philipp Reclam (1807–1896) – dieser erwies sich mehr als glücklicher Zufall –, sondern die Gelegenheit, die aus einer Privatsammlung entsprungene Präsentation vom Klingspor Museum in Offenbach zu übernehmen und dem Schweizer Publikum vorzustellen. Die Ausstellung bot einen Überblick über die Reclam-Verlagsproduktion aus dem 19. und 20. Jahrhundert und enthüllte eine überraschende Vielfalt an Ausgaben von Reclams Universal-Bibliothek. Bei den Bänden nach der Jahrhundertwende fiel eine Veränderung in der Gestaltung und Ausstattung der bislang eher frugalen Bände auf. Sie ist darauf zurückzuführen, dass der Reclam Verlag begann, mit namhaften Buchkünstlern zusammenzuarbeiten.[2]

Eine erste Verschönerung der *Universal-Bibliothek* nahm der Verlag bei Erreichen der Nummer 5000 im Jahre 1908 in Angriff. Er beauftragte Peter Behrens mit der Neugestaltung der festgebundenen Ausgaben.[3] Dieser schuf einen durch Schrift und flächiges Ornament bestimmten Bucheinband, für den er eigens eine Frakturschrift entwickelte.[4]

---

1   Ausstellung ‹Reclam. Die Kunst der Verbreitung. Sammlung Georg Ewald›, Universitätsbibliothek Bern, 16. März bis 16. Juni 2007.

2   Vgl. Haefs, Wilhelm: Reclams Universal-Bibliothek in der Epoche des schönen Buches. In: Reclam. 125 Jahre Universal-Bibliothek 1867–1992. Verlags- und kulturgeschichtliche Aufsätze. Hrsg. v. Dietrich Bode. Stuttgart: Philipp Reclam jun., 1992, S. 216–244; Felber, Christine: schön billig – Reclam und die Ästhetik des Massenbuchs. In: Librarium. Zeitschrift der Schweizerischen Bibliophilen-Gesellschaft (2007), Nr. 1, S. 14–28.

3   Vgl. Ewald, Georg: Die gebundenen Ausgaben der Universal-Bibliothek bis 1918. In: Reclam. 125 Jahre Universal-Bibliothek 1867–1992. Verlags- und kulturgeschichtliche Aufsätze. Hrsg. v. Dietrich Bode. Stuttgart: Philipp Reclam jun., 1992, S. 199–215, besonders S. 205–207.

4   In den ausgesparten Ecken des Ovals findet sich ein geometrisches Ornament, das in Variationen jeweils das inhaltliche Gebiet – Literatur oder Sachbuch – anzeigt.

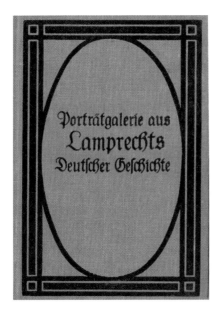

Abb. 1: *Porträtgalerie von Lamprechts Deutscher Geschichte.* Reclams Universal-Bibliothek (Miniaturausgaben). Leipzig: Philipp Reclam jun., o. J. [1910]. Einbandgestaltung von Peter Behrens. Sammlung Georg Ewald, Frankfurt am Main; *Berühmte Kriminalfälle XII. Manolescu, der Fürst der Diebe.* Reclams Universal-Bibliothek, Nr. 5987. Leipzig: Philipp Reclam jun., o. J. [1918]. Einbandgestaltung von Fritz Helmut Ehmcke. Sammlung Georg Ewald, Frankfurt am Main.

Die broschierten Reclambändchen, die uns heute vor allem geläufig sind, tastete der Verlag erst 1917 an, nachdem diese ihr ursprüngliches Gewand ein halbes Jahrhundert lang getragen hatten. Der Auftrag zur Neugestaltung ging an Fritz Helmut Ehmcke, der einen Einband mit einer strengen architektonischen Umrahmung entwarf, innerhalb der in einer Ehmcke-Schwabacher die Titelzeilen laufen. Im Innern wurde das Satzbild durch eine klarere Type, einen grösseren Schriftgrad und mehr Durchschuss verbessert.

In den 1910er- und 20er-Jahren wartete der Reclam Verlag noch mit weiteren buchästhetischen Neuerungen auf. 1909 entwickelte er die *Novellen-Bibliothek,* deren Einband aus abwaschbarem Pergamentkarton bestand.[5]

---

5   Von 1909 bis zum Beginn des Ersten Weltkriegs sind von Reclams Novellen-Bibliothek vier Folgen zu 50 Bänden erschienen.

Abb. 2: Graf Leo N. Tolstoj. *Zwei Husaren/Tagebuchblätter eines Marqueurs.*
Reclams Novellen-Bibliothek, III. Folge, Band 141. Leipzig: Philipp Reclam jun.,
o. J. [um 1912]. Sammlung Georg Ewald, Frankfurt am Main; Michael Faraday:
Naturgeschichte einer Kerze. Leipzig: Philipp Reclam jun., o. J. [1919]. Sammlung
Georg Ewald, Frankfurt am Main; Thomas Mann: *Tristan.* Leipzig: Philipp
Reclam jun., o. J. [1924]. Sammlung Georg Ewald, Frankfurt am Main.

Es folgten nach dem Ersten Weltkrieg die *Bunte Reihe* – auch als Ostereierserie bezeichnet – und der *schöne Reclam-Band.* Bei letzterem wird als Gestalter Walter Tiemann genannt.[6] Für weitere Buchreihen verpflichtete der Verlag die Buch- und Schriftkünstler
Emil Rudolf Weiss und Erich Gruner. Selbst seinen berühmt gewordenen Bücherauto-
maten liess der Reclam Verlag von Künstlerhand gestalten. 1912 wurde er nach Entwür-
fen von Peter Behrens gebaut, der zu dieser Zeit bereits als künstlerischer Berater des
AEG-Konzerns waltete.

Erwachen einer neuen Buchkultur

Mit seinem Bemühen um künstlerische Ausstattung seiner Reihenwerke bewegt sich der
Reclam Verlag nicht an vorderster Front. Die Gestaltung der Bände überzeugt auch
nicht restlos. Den Schritt zu einer neuen, modernen Buchgestaltung vollzieht sie nur
halbherzig. Die Entwicklungen beim Reclam Verlag machen jedoch deutlich, dass selbst
grössere „Volksverlage" – neben Reclam auch Meyer[7] – von den buchästhetischen For-
derungen der Buchkunstbewegung erfasst worden sind und mit verbesserter Buchausstattung darauf reagierten.[8]

Im 19. Jahrhundert litt das Buchgewerbe bekanntlich unter den Auswirkungen
der technisch-industriellen Revolution. Die Massenproduktion erfüllte zwar die stän-

---

6 Die vollkommene Lesemaschine. Von deutscher Buchgestaltung im 20. Jahrhundert. Hrsg. v.
   der Deutschen Bibliothek, Leipzig, Frankfurt am Main und Berlin und der Stiftung Buchkunst,
   Frankfurt am Main und Leipzig. Frankfurt am Main: Stiftung Buchkunst, 1997, S. 12.
7 Haefs 1992, vgl. Anm. 2, S. 216 und 239 (Anm. 1).

dig steigende Nachfrage nach Lesestoffen; auf die Qualität der Ausstattung und Gestaltung der Bücher hatte sie jedoch keinen günstigen Einfluss. Billig in der Ausführung, in Druck und Papier, aber auch mangelhaft in der Herstellung des Satzes boten
diese Massenbücher ein trostloses Bild. Wo sich in bürgerlichen Kreisen das Bedürfnis
nach Schönem, Repräsentativem regte, entstanden mit Schmuck überladene Prachtwerke bar jeden Geschmacks, welche die Not im Buchgewerbe erst recht deutlich
machten.

Die Wende brachten das Wiedererwachen und Aufblühen der kunstgewerblichen
Kultur, die auch das Buchgewerbe erfassten. Starke Impulse zu einer neuen Buchkultur
gingen von englischen Privatpressen aus. Ihre Leistungen sind von grundlegender Bedeutung, auch wenn sie sich in ihrer Rückbesinnung auf Form und Technik der alten
Meister gegen die Entwicklungen der Zeit stellten. Auf Nachahmung bauten auch die
ersten Versuche zur Erneuerung der Druckkunst in Deutschland. Die Druckwerke im
sogenannten Münchner Stil oder der Münchner Renaissance der 1870er- und 80er-Jah-
re äussern sich im Rückgriff auf alte gotische Schriften und in einer überreichen Ausstattung mit Buchschmuck. Ein erstes eigenschöpferisches stilistisches Gepräge erhielt das
Buchschaffen im Zuge der Reformbewegung durch den Jugendstil. Eine wesentliche
Vorbedingung für eine wirkliche „Renaissance des Buches" war jedoch erst durch die
Erneuerung der Schrifttypen erfüllt.

Träger der deutschen Buchkunstbewegung

Die Buchkunstbewegung wurde in Deutschland von einem grossen Kreis verschiedener
Kräfte getragen. Während die Zeitschriften *Pan, Jugend, Simplizissimus, Die Insel* und
Hyperion die Neuerungen vorführten und proklamierten, setzten engagierte Verleger wie
Eugen Diederichs, Anton Kippenberg für den Insel Verlag, Georg Müller, Hans von We-
ber und Samuel Fischer sie in die Tat um. Einen wesentlichen Beitrag lieferten junge
Künstler, die sich dem Schriftschaffen und dem Buchschmuck zuwandten und damit
den neuen Typ des Buch- und Schriftkünstlers verkörperten. Unter ihnen ragten die bereits genannten Emil Rudolf Weiss, Fritz Helmuth Ehmcke, Walter Tiemann sowie Rudolf Koch heraus. Schliesslich stellten sich auch aufgeschlossene Buchdruckereien und
Schriftgiessereien in den Dienst der Reformen.

Inflation des ‹schönen Buches› und Besinnung auf das Zweckmässige

Die im Dienste der Buchkunstbewegung stehenden Kräfte vereinte das gemeinsame
Ziel, dem allgemeinen Tiefstand der Buchkultur mit hochwertigen Leistungen zu begeg-
nen. Das Buch sollte wieder eine organische Einheit bilden, in dem die einzelnen Elemente – Schrift, Druck, Papier und Einband – aufeinander bezogen sind und sich zu
einem harmonischen Ganzen zusammenfügen.

---

8   Vgl. die Darstellungen von Isphording, Eduard: DraufSichten. Buchkunst aus deutschen Handpres-
    sen und Verlagen der ersten Hälfte des 20. Jahrhunderts. Die Sammlung des Germanischen National-
    museums Nürnberg. Leipzig: Faber & Faber, 2005, hier das Kapitel „Ein Gang durch 50 Jahre deut-
    sche Buchgeschichte", S. 9–31; Funke, Fritz: Buchkunde. Die historische Entwicklung des Buches
    von der Keilschrift bis zur Gegenwart. Wiesbaden: VMA-Verlag, 2006, hier besonders S. 230–248.

Die Umsetzung dieser buchkünstlerischen Bestrebungen verlief wie jedes Suchen auf
Umwegen und nicht ohne Auswüchse. Während voran die genannten Verlage sowie die
bekanntesten deutschen Pressen wunderbare Zeugnisse der neuen Buchkunst schufen,
schossen nicht wenige Buchkünstler und Buchillustratoren in ihrem schöpferischen
Drang übers Ziel hinaus und beschwerten ihre Druckwerke mit zu viel Buchschmuck.
Die Bewegung löste eine regelrechte Inflation des „schönen Buches" aus. Es blühten
künstlerisch aufwändig gestaltete „Luxusdrucke", deren üppige Prachtentfaltung erneut
Kritiker – vor allem führende Buchkünstler – auf den Plan rief. Diese bibliophilen Bücher liessen nicht nur das Zweckmässige vermissen, sondern bedingten auch Preise, bei
denen nur noch wenige Käufer mithalten konnten. Es entwickelte sich daher eine ge-
genläufige Tendenz, die dem Gebrauchs- oder Massenbuch mehr und mehr Aufmerksamkeit schenkte.[9]

In einem für den Jubiläumsband zum 25. Bestehen des S. Fischer Verlags 1911 ver-
fassten Brief an den Lektor Moritz Heimann äussert sich Emil Rudolf Weiss wie folgt
über die Situation:

> Die besonderen Leistungen, die kostbaren, die edlen, die Liebhaberbücher, be-
> stimmen … nicht vor allem den Rang einer Kultur des Buches, sondern die Qua-
> lität des Gebrauchsbuchs. Sie haben, wie ich, schon oft genug einen beliebigen
> englischen Roman in seinem glatten Leinenband in die Hand genommen und
> gesagt: wie gut ist dies gemacht, weil alles, was daran ist, notwendig, und dieses
> Notwendige höchst einfach, entsprechend und angenehm ist.[10]

Weiss konnte, als er dies schrieb, bereits selbst ein überzeugendes Muster vorlegen. Ab
1908 lieferte er für S. Fischers neu gegründete *Bibliothek zeitgenössischer Romane* verschiedene Einbandzeichnungen.[11]

---

9 Vgl. Bockwitz, Hans H.: Deutsches Reich. In: Internationale Buchkunst-Ausstellung 1927. Amt-
   licher Katalog. Leipzig: Insel-Verlag, 1927, S. 46–49.
10 Weiss, Emil Rudolf: Das Buch als Gegenstand. Ein Brief an H. [Moritz Heimann]. In: S. F. V. [S.
   Fischer Verlag]: Das XXVte Jahr 1886–1911. Berlin: Fischer Verlag, 1911, S. 61.
11 100 Jahre S. Fischer Verlag 1886–1986. Buchumschläge. Über Bücher und ihre äußere Gestalt.
   Hrsg. v. Friedrich Pfäfflin. Frankfurt am Main: S. Fischer Verlag, 1986, S. 77.

 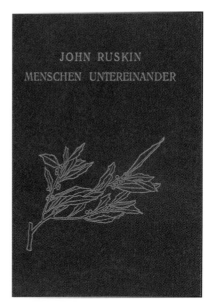

Abb. 3: Gabriele Reuter: *Frauenseelen. Novellen.* **Fischers Bibliothek zeitgenössischer Romane, 3. Jahrgang, Band 3. Berlin: S. Fischer Verlag, o. J. [1910]. Basel UB: Ao IX 2023; John Ruskin:** *Menschen untereinander. Auszüge aus seinen Schriften.* **Reihe Lebende Worte und Werke. Düsseldorf: Karl Robert Langewiesche, o. J. [1907]. Bern UB ZB: Log. VIII. 1057.**

Samuel Fischer war jedoch nicht der erste, der sich für eine ästhetische Aufwertung des Gebrauchsbuchs einsetzte. Vor ihm hatte bereits der 1902 gegründete Verlag von Karl Robert Langewiesche die sogenannten *Blauen Bücher* herausgegeben, die als die frühesten auflagenstarken Gebrauchsbücher in sorgfältiger Ausstattung gelten.[12]

---

12 Vgl. Haefs 1992, vgl. Anm. 2, S. 229; Klempert, Gabriele: Die Welt des Schönen. Eine hundert-
    jährige Verlagsgeschichte in Deutschland: Die Blauen Bücher 1902–2002. Königstein im Taunus:
    Karl Robert Langewiesche Nachfolger Hans Köster, 2002.

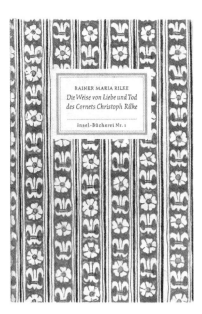

Abb. 4: Rainer Maria Rilke: *Die Weise von Liebe und Tod des Cornets Christoph Rilke.* **Insel-Bücherei, Nr. 1. Leipzig: Insel-Verlag, o. J. [1912]. Basel UB: Aa V 123:1.**

Den Durchbruch im Segment der preiswerten, von Künstlerhand gestalteten Ausgaben erzielte jedoch der Insel Verlag mit seiner ab 1912 erschienenen *Insel-Bücherei*. Ihre soliden, in Pappe gebundenen Bände bestachen nicht nur durch ihre buntgemusterten Einbände, sondern auch durch ihre Qualität von Satz, Druck und Papier. In diese Zeit fallen nun auch die buchästhetischen Neuerungen beim Reclam Verlag, bei denen unschwer zu erkennen ist, dass sie auf das Konkurrenzprodukt Bezug nehmen.

Luxusbuch und Gebrauchsbuch

Die meisten der genannten Verleger pflegten sowohl das schöne Gebrauchsbuch als auch das Luxusbuch, um zum einen verschiedene Käuferschichten anzusprechen, zum andern aber auch die buchkünstlerischen und -technischen Möglichkeiten auszuschöpfen. Dieses Spektrum bringt der Verleger Georg Müller sehr schön in einem Rückblick auf fünf Jahre Verlagstätigkeit im Jahr 1908 zum Ausdruck:

> Gemäss der von mir gepflegten Verlagstypen bildeten sich im Lauf der Zeit zwei Buchtypen aus. Das mit einfacherem Materiale herzustellende Gebrauchsbuch, darin eingeschlossen der für die breitere Menge bestimmte Roman, und der Luxusdruck, die für den Bibliophilen bestimmten Werke.

> Das Gebrauchsbuch, so der Romanband, muss sich mit geringerem Materiale begnügen, denn sein Preis darf gewisse Grenzen nicht übersteigen. ... Ebenso wie

das Kunstgewerbe in vielen Fällen sein Hauptaugenmerk darauf richtet, billige, künstlerisch einwandfreie Fabrikware herzustellen, ebenso kann auch heute wie jederzeit mit geringen Mitteln ein durchaus einwandfreies Buch geschaffen werden, das den Beschauer ebenso wohltuend berührt als ein Luxusband, hergestellt mit dem glänzendsten Material. Es darf eben nur nicht bei der Herstellung an der nötigen Sorgfalt fehlen.[13]

Diese Wertschätzung gegenüber dem Gebrauchsbuch ist als Errungenschaft der Buchkunstbewegung zu werten, die nicht nur für das bibliophile Buch eine künstlerisch wie technisch ausgereifte Gestalt forderte, sondern vergleichbare Ansprüche auch an das industriell gefertigte Produkt stellte. Der Umgang mit schönen Büchern sollte nicht dem bibliophilen Sammler vorbehalten sein. Auch das an die breite Leserschaft gerichtete Massenbuch sollte ästhetisch befriedigen.

Begriff des Gebrauchsbuchs

Bevor ich zum zweiten Teil meines Beitrags komme, möchte ich mich noch etwas mehr dem Begriff „Gebrauchsbuch" annähern. Dieser taucht in der Literatur nicht häufig auf; er ist definitorisch auch nicht geklärt.[14] Er bezieht sich einerseits auf das Buch als Gebrauchsgegenstand, der sich vor allem durch seine Benutzbarkeit und damit Lesbarkeit auszeichnet. Anderseits wird mit dem Begriff Gebrauchsbuch eine Abgrenzung vom bibliophilen Buch oder von der Vorzugsausgabe vorgenommen. Im Gegensatz zu dieser erscheint das Gebrauchsbuch nicht in limitierter Auflage und richtet sich auch nicht an einen exklusiven Käuferkreis, sondern es bedient eine breite Öffentlichkeit. Es kann über den Handel bezogen und zu einem erschwinglichen Preis erworben werden. Seine Auflage ist nicht zwingend hoch, es ist daher auch nicht identisch mit dem Massen- oder Reihenbuch. Diese sind vielmehr Teilsektoren des Mediums Gebrauchsbuch.[15]

Wie das bibliophile Buch ist auch das Gebrauchsbuch von einzelnen Formelementen bestimmt – Typographie, Illustration, Druck, Papier und Einband –, die zu einem einheitlichen Ganzen verbunden sind. Die Ästhetik des Gebrauchsbuchs richtet sich jedoch in erster Linie nach der Gebrauchsfunktion und dem Inhalt, ordnet sich diesen unter und wird nie Selbstzweck.

Es ist keine Erscheinung des 20. Jahrhunderts, dass neben einer Normalausgabe Bücher für höhere Stände oder repräsentative Zwecke eine besondere Ausstattung erfahren haben. Die Reformbestrebungen um die Jahrhundertwende haben jedoch dazu geführt,

---

13 1903–1908 Georg Müller Verlag München. Katalog der in den ersten fünf Jahren erschienen Bücher. München/Leipzig: Georg Müller Verlag, 1908, S. 63f; wieder abgedruckt in: Sein Dämon war das Buch. Der Münchner Verleger Georg Müller. Hrsg. v. Eva von Freeden und Rainer Schmitz unter Mitarbeit von Jürgen Fischer. München: edition monacensia im Allitera Verlag, 2003, 27f.

14 Vgl. Haefs, Wilhelm: Ästhetische Aspekte des Gebrauchsbuchs in der Weimarer Republik. In: Leipziger Jahrbuch zur Buchgeschichte 6, 1996, S. 353–382; Friedsam, Britta: Das illustrierte literarische Gebrauchsbuch bei der Büchergilde Gutenberg: Eine Analyse ausgewählter Buchbeispiele aus den Jahren 1924 bis 1933. Magisterarbeit, Friedrich-Alexander-Universität Erlangen-Nürnberg, September 2007, veröffentlicht in der Online-Reihe „Alles Buch" XXIV.

15 Vgl. Haefs 1996, Anm. 14, S. 353.

dass auch für das Gebrauchsbuch eine einwandfreie herstellungstechnische wie ästhetische Qualität gefordert und das Massenbuch als „schön" definiert werden konnte. Schliesslich reiht sich das schöne Gebrauchsbuch unter die Gebrauchsware, nicht aber unter die Verbrauchsware. Seine Machart ist auf Haltbarkeit angelegt, die schon manches der im ersten Drittel des 20. Jahrhunderts gegründeten Reihenwerke zum Sammlerstück werden liess, wie die Insel-Bücherei eindrücklich bezeugt.

2.

Buchgestaltung von Schweizer Verlagen im frühen 20. Jahrhundert

Vor dem Hintergrund der beschriebenen Entwicklungen zum schönen Gebrauchsbuch stellt sich nun die Frage, inwieweit die in Deutschland und England aufgegriffene Buchkunstbewegung mit ihren Auswirkungen auf das Gebrauchsbuch im frühen 20. Jahrhundert auch in der Schweiz ihren Niederschlag gefunden hat?

Die Literatur zum Schweizer Buchgewerbe, zur Buchgestaltung und Buchkunst nennt verschiedentlich Bezüge zu den Neuerungen im Buch- und Schriftwesen nach der Jahrhundertwende.[16] Selten jedoch wird der Fokus auf Schweizer Verleger gelegt, welche die einheitliche und schöne Ausstattung des Gebrauchsbuches zu einem der leitenden Grundsätze ihrer Verlagstätigkeit machten. Auf konkrete Buchbeispiele, vergleichbar mit den erwähnten Reihenwerken aus den 1910er- und 20er-Jahren, stösst man nicht ohne einen gewissen Aufwand.

Die Literatur zur Buchgestaltung und Buchkunst beschreibt vor allem das Besondere, das Herausragende; das Normale oder Gewöhnliche spart sie in der Regel aus. Dies dürfte mit ein Grund sein, weshalb selbst von bekannten Buch- und Schriftkünstlern gestaltete Gebrauchsbücher aus Schweizer Verlagen einer näheren Betrachtung bislang nicht für Wert gehalten wurden und aus der Erinnerung verschwinden. Es gilt sie wieder aufzuspüren.

Es gibt einige Schweizer Verlage, die sich in Jubiläumsschriften oder anlässlich von Ausstellungen mit ihrer Geschichte auseinandersetzen und einen Abriss ihrer Verlagsentwicklung bieten, sich jedoch hauptsächlich auf das inhaltliche Programm und den Betrieb konzentrieren. Die Gestaltung der Bücher wird – wenn überhaupt – nur am Rande angesprochen und erschöpft sich im besten Fall in der Beschreibung eines Verlegers:

---

16 Vgl. Hochuli, Jost: Buchgestaltung in der Schweiz. Hrsg. Pro Helvetia. Zürich: Pro Helvetia, Schweizer Kulturstiftung, 1993; Früh, Roland: Ideale der Schweizer Buchgestaltung. Eine Analyse des Diskurses über die ideale Form des Buches in den typographischen Fachzeitschriften von 1904 bis 1999. Lizentiatsarbeit der Philosophischen Fakultät der Universität Zürich, 2007 (unveröffentlicht); Bideau, Heide: Schweizer Buchillustration im 20. Jahrhundert. In: Buchillustration im 20. Jahrhundert in Deutschland, Österreich und in der Schweiz. Hrsg. v. Ulrich von Kritter. Berlin/Leipzig: Faber & Faber, 1995, S. 199–258; Das Schweizer Buch. Schweizer Buchkunst und Schweizer Verlag in historischer Schau. Hrsg. v. Schweizerischen Buchhändler- und Verleger-Verein Zürich. Beiträge von Paul Scherrer, Annemarie Halter und Heinrich Fries. Zürich: Schweizer Buchhändler- und Verleger-Verein, 1961; Hoefliger, Alfred: Das Schweizer Buch, seine Entwicklung und Gestaltung. In: Hundert Jahre schweizerischer Buchhändlerverein 1849–1949. Festgabe herausgegeben zum Jubiläum des schweizerischen Buchhändlervereins. Zürich: Orell Füssli, 1949, S. 44–54.

Er wandte sehr viel Sorgfalt und Zeit auf die Herstellung und Gestaltung und wenn er ein Buch durch den Buchkünstler betreuen liess, kam es zu einer fruchtbaren und schönen Zusammenarbeit im Atelier des Künstlers.[17]

Bei einer Ausstellung zum Thema „Das deutsche schöne Buch. 1900 bis 1925", die das Gutenberg-Museum in Mainz 1925 organisiert hat[18], wird nun ein Schweizer Verleger fassbar, auf den auch die zitierte Beschreibung gemünzt ist: Eugen Rentsch. Er sei hier als herausragendes Beispiel eines Schweizer „Kulturverlegers" vorgestellt, dessen Bücher von vorbildlicher Ausstattung zeugen. Seine Zusammenarbeit mit führenden deutschen Verlegern und Buchkünstlern ist zudem Ausdruck der engen Beziehungen zwischen der deutschen Schweiz und dem nördlichen Nachbarland nicht nur in literarischer, sondern auch in buchkünstlerischer Hinsicht.

Der Verleger Eugen Rentsch

1877 in Bern geboren, studierte Eugen Rentsch nach einer Ausbildung zum Lithografen Kunstgeschichte.[19] Nach der Promotion machte er sich in verschiedenen Verlagen nicht nur mit Unternehmensführung, Lektorat und Werbung gründlich vertraut, sondern auch mit der handwerklichen Praxis der Herstellung. Davon zeugt eine Reihe von Beiträgen im Börsenblatt, die sich mit Papierherstellung, Buchdruck, Typografie, Bildreproduktion und Buchbinden befassen.[20]

1910 gründete Eugen Rentsch in München seinen eigenen Verlag. Neben der juristischen Verlagsrichtung pflegte er mit grossem Engagement eine zweite Abteilung, die sich mit der modernen Architektur- und Kunstbewegung auseinandersetzte.

Bereits im ersten Verlagsjahr erschienen die von Oskar Walzel herausgegebenen *Pandora-Bücher,* eine Sammlung literarischer Kleinigkeiten. Die Ausstattung der Bücher übernahm der bedeutende Buch-, Schrift- und Reklamekünstler Emil Preetorius, der bereits für die Verlage Kurt Wolff, S. Fischer und Georg Müller tätig war. Seine eigenwillige, unverkennbare Schrift prägen auch die Einbände der *Briefe an einen Architekten* von Jakob Burckhardt, der Greco-Monographie sowie zu den ersten beiden Bänden einer wissenschaftlich-kritischen Gotthelf-Ausgabe, einem Projekt, das Eugen Rentsch besonders am Herzen lag. Preetorius entwarf auch das Verlagssignet mit dem Münchner Obelisken, der den Ausblick vom Fenster des Verlags dominierte.

1912 siedelte der Eugen Rentsch Verlag zu Georg Müller über, um in der Geschäftsgemeinschaft Spesenersparnisse und grössere Absatz- und Vertriebsmöglichkeiten zu erzielen. Die Verbindung erfüllte die Erwartungen jedoch nicht, weshalb sie vor Beginn des Ersten Weltkriegs wieder aufgelöst wurde. Weit schwerwiegender waren für den Ver-

17 50 Jahre Eugen Rentsch Verlag 1910–1960. Erlenbach-Zürich/Stuttgart: Eugen Rentsch Verlag, 1960, S. 16.

18 Eppelsheimer, Hanns Wilhelm: Das deutsche schöne Buch. 1900 bis 1925. Ein Führer durch die Jubiläums-Ausstellung des Gutenberg-Museums in Mainz: Juli bis September 1925. Darmstadt: Wittich, 1925, S. 23.

19 Vgl. 70 Jahre Eugen Rentsch Verlag – Und ein Abschied 1910–1980. Erlenbach-Zürich und Konstanz: Dr. Eugen Rentsch-Speerli, 1981.

20 70 Jahre Eugen Rentsch Verlag 1981, vgl. S. 8.

leger die Folgen des Krieges. 1919 verliess er das durch den verlorenen Krieg wirtschaft-
lich notleidende und innenpolitisch zerrissene Land und übersiedelte in die Schweiz,
nach Erlenbach am Zürichsee.

Eugen Rentsch setzte auch noch in der Schweiz die Zusammenarbeit mit namhaften
deutschen Buchkünstlern fort. Für den Band *Die Alte Schweiz* von 1921 verpflichtete er
Paul Renner für die Einbandzeichnung.

Abb. 5: Heinrich Spiero. *Das poetische Berlin. Alt-Berlin.* **Pandora, Band 5.
München: Eugen Rentsch Verlag, 1911. Ausstattung von Emil Preetorius. Bern UB
ZB: Litt. IV 972; Jakob Burckhardt:** *Briefe an einen Architekten 1870–1889.*
**München: Georg Müller/Eugen Rentsch, 1912. Ausstattung von Emil Preetorius.
Nachlass Eugen Rentsch Verlag 72, Zentralbibliothek Zürich;** *Die alte Schweiz.
Stadtbilder, Baukunst und Handwerk.* **Hrsg. v. E. Maria Blaser, eingeleitet von
Artur Weese. Erlenbach-Zürich: Eugen Rentsch Verlag, 1921. Einbandzeichnung
von Paul Renner. Nachlass Eugen Rentsch Verlag 1207, Zentralbibliothek Zürich.**

Abb. 6: *Die Kunstismen.* **Hrsg. v. El Lissitzky und Hans Arp. Erlenbach-Zürich/ München/Leipzig: Eugen Rentsch Verlag, 1925. Einband und Titelseite. Gestaltung von El Lissitzky. Nachlass Eugen Rentsch Verlag 646, Zentralbibliothek Zürich.**

Der Umstand, dass bei der erwähnten Ausstellung „Das deutsche schöne Buch. 1900 bis 1925" der Eugen Rentsch Verlag 1925 noch mit Firmensitz München angegeben ist, weist darauf hin, dass der Verleger nach wie vor in enger Beziehung zu deutschen Verleger- und Künstlerkreisen stand.

Aus den vielen weiteren Zeugnissen gepflegter Buchausstattung des Eugen Rentsch Verlags sei noch ein besonders eindrückliches herausgegriffen. Es trägt den Titel *Kunstismen,* wurde 1925 von Hans Arp und El Lissitzky herausgegeben und von letzterem auch gestaltet. In seiner gestalterischen Anlage ist es stark inspiriert von den Entwicklungen am Bauhaus in Weimar und Dessau.

Der Rascher Verlag

Weniger durch die Ausstattung seiner Bücher als durch sein pazifistisches Engagement hat der Rascher Verlag im frühen 20. Jahrhundert Bedeutung erlangt. 1908 gegründet, jedoch einer seit 1758 bestehenden hochangesehenen Zürcher Buchhandlung entsprungen, hat der Verleger Max Rascher während dem Ersten Weltkrieg damit begonnen, europäische, kriegskritische Schriften herauszugeben. Unter diese reiht sich die von René Schickele herausgegebene *Europäische Bibliothek,* deren erster Band 1918 erschien.

Sie soll uns hier nur in gestalterischer Hinsicht interessieren: Unverkennbar ist die Ähnlichkeit mit der nur wenige Jahre zuvor gegründeten Insel-Bücherei. Sie dürfte als Vorbild gedient haben, ist doch nicht nur das Format identisch, sondern auch der Pappeinband mit dem gemusterten Überzugspapier und dem Titelschild. Im Unterschied zur Insel-Bücherei verwendete der Rascher Verlag jedoch für eine Serie, bestehend aus fünf

Bänden, denselben Einband. Beim ersten Einband, der in einem Rombengeflecht das Verlagssignet mit dem vorwärtsstürmenden Wagenlenker und die Verlagsinitialen zeigt, liess sich René Schickele, wie belegt ist, von Henry van de Velde beraten.[21] Wer ihn schliesslich gestaltet hat, ist nicht bekannt.

Der Einband der zweiten Serie vermittelt nicht mehr die feine Ästhetik der ersten. Im gleichen Jahr wie die *Europäische Bibliothek* gab Walter Muschg für den Rascher Verlag erstmals die *Schweizerische Bibliothek* heraus. In dieser Reihe wechseln sich einfarbige Einbände mit solchen ab, die in kleinen Bildfenstern verschiedene Illustrationen zeigen. Im Stil sind sie jedoch sehr ähnlich wie diejenigen der zweiten Serie der *Europäischen Bibliothek*.

Neben diesen wohlfeilen Reihenbüchern legte der Rascher Verlag viel gestalterische Sorgfalt auf Vorzugsaugaben. Erwähnt seien hier die Tell-Ausgabe mit Illustrationen von Eduard Stiefel, die Novelle *Die Mutter* des pazifistischen Erzählers Leonhard Frank mit Holzschnitten von Frans Masereel und der von Konrad Falke ins Deutsche übertragene *Visionsbericht des Ritters Tundalus* mit Holzschnitten von Otto Baumberger.

Abb. 7: Leonid Andrejew: *Hinter der Front.* **Europäische Bibliothek, hrsg. v. René Schickele, Erste Serie, Band 4. Zürich: Max Rascher Verlag A.-G., 1918. Nachlass Rascher Verlag 60, Zentralbibliothek Zürich; Otto von Greyerz:** *Schweizerdeutsch. Proben schweizerischer Mundart aus alter und neuer Zeit.* **Schweizerische Bibliothek, Band 7. Zürich: Rascher & Cie.,Verlag, 1918. Nachlass Rascher Verlag 570, Zentralbibliothek Zürich.**

---

21 Debrunner, Albert M.: Bücher gegen den Krieg. René Schickeles „Europäische Bibliothek". In: Librarium. Zeitschrift der Schweizerischen Bibliophilen-Gesellschaft (2001), Nr. 2, S. 102.

Reihen Schweizerische Erzähler und Schaubücher

Zwei Buchreihen von zwei verschiedenen Verlagen sollen noch kurz vorgestellt werden: Zur ersten Reihe *Schweizerische Erzähler* vom Huber Verlag in Frauenfeld verfüge ich über keine näheren Informationen. Überrascht hat mich – aus heutiger Sicht – der rasche Wechsel von verschiedenen Gestaltungskonzepten, die zwar den Reihencharakter anstreben, ihn jedoch immer wieder abändern.

Die ersten Bände von 1916 sind noch stark konservativen Geschmacksvorstellungen verpflichtet. Sie zeigen den Rückgriff auf Rahmenornamente älterer Künstler aus der Rokokozeit, so unter anderen vom Zürcher Kupferstecher und Verleger David Herrliberger.

Abb. 8: Felix Moeschlin: *Schalkhafte Geschichten.* **Schweizerische Erzähler, Band 4. Frauenfeld/Leipzig: Verlag Huber & Co., 1917. Titelzeichnung nach David Herrliberger. Bern UB: Litt. XVIII. 146; Ruth Waldstetter:** *Leiden.* **Schweizerische Erzähler, Band 11. Frauenfeld/Leipzig: Verlag Huber & Co., 1917. Einband von Walter Tiemann.**

Abb. 9: Adolf Vögtlin: *Heimliche Sieger. Zwei Knabengeschichten*. Schweizerische Erzähler, Band 13. Frauenfeld/Leipzig: Verlag Huber & Co., 1917. Ausstattung von Otto Baumberger. Bern UB: Litt. XVIII. 146; Charlot Strasser: *Das Pestschiff*. Schweizerische Erzähler, Band 19. Frauenfeld/Leipzig: Verlag Huber & Co., 1918. Einband von Gregor Rabinowitsch. Bern UB: Litt. XVIII. 146.

Für die Titelzeichnung des elften Bandes konnte der Verlag den bedeutenden deutschen Buch- und Schriftgestalter Walter Tiemann gewinnen, der den Ornamentrahmen zwar noch beibehält, die Gestaltung jedoch auf die Schrift und die zentrale Vignette reduziert. Ab 1918 übernimmt der Zürcher Plakatkünstler, Maler und Bühnenbildner Otto Baumberger die Ausstattung einiger Bände und verleiht ihnen mit seiner Jugendstilornamentik ein frisches Aussehen, bevor sie nur einige Monate später wieder ein neues Gesicht erhalten. Der Wille zu einer ästhetischen, ja fast plakativen Wirkung ist bei dieser Reihe zweifellos spürbar. Die Erkennbarkeit der Reihe wurde jedoch zugunsten der Experimentierfreude geopfert.

Ganz anders verhält es sich mit einer Buchreihe des Orell Füssli Verlags, deren konsequent einheitliche Gestaltung der Reihe einen unverkennbaren Charakter gibt: Die *Schaubücher* sind von 1929 bis 1932 erschienen und sowohl hinsichtlich ihrer Typografie als auch ihrer bildmäßigen Ausstattung Kinder ihrer Zeit.[22]

---

22 Vgl. Kern, Stefan: Die Schaubücher (SB). Eine Buchreihe des Orell Füssli Verlags Zürich 1929–1932. Diplomarbeit dem Verband der Bibliotheken und der Bibliothekarinnen/Bibliothekare der Schweiz vorgelegt. St. Gallen: unpubliziertes Manuskript, 1993.

Abb. 10: Adolf Behne: *Wochenende und was man dazu braucht.* **Schaubücher, Band 26. Zürich/Leipzig: Orell Füssli Verlag, 1930. Basel: Bibliothek für Gestaltung: BfG D 16.11; Frank Washburn:** *Riesenbauten Nordamerikas.* **Schaubücher, Band 15. Zürich/Leipzig: Orell Füssli Verlag, 1931. Basel: Bibliothek für Gestaltung: BfG C 76.1.**

Nur ein Jahr nach Jan Tschicholds Buch über die *Neue Typografie* erschienen, zeigen sich die Schaubücher stark von dieser Schriftentwicklung beeinflusst. Auch mit dem Einsatz von Fotografien, die gut zwei Drittel des Buchumfangs einnehmen, bewegen sie sich auf der Welle der Entdeckungen neuer Möglichkeiten dieses Mediums. Auch inhaltlich beweisen sie ein gutes Gespür für die damals gesellschaftlich und kulturell relevanten Themen. Bemerkenswert ist schließlich die Absicht, in der die *Schaubücher* entstanden sind. Der Herausgeber der Reihe Emil Schaeffer äußert sich dazu im Orell Füssli Almanach von 1930 wie folgt:

> In keiner Daseinsepoche drehten sich die Flügel der Lebensmühle mit so rasanter Geschwindigkeit, und im zermürbenden Kampfe ums tägliche Brot verbleibt den Menschen von heute wenig Zeit, sich Kenntnisse zu verschaffen, die jenseits ihres engen Fachgebietes liegen. Zehn bedruckte Seiten zu lesen dauert eine Viertelstunde, aber sechs- oder achttausend Worte vermitteln doch nur eine verschwommene Vorstellung von alledem, was eine Abbildung mit überwältigender Deutlichkeit in einer Sekunde zeigt. Darum lag es nahe, für unser Zeitalter, das den Menschen zwingt, mit dem Augenblick zu geizen, neue Bücher zu schaffen, welche, die ungeheuren Fortschritte der Fotografie und der Reproduktionstech-

nik ausnützend, die Forderung Gregors des Großen umkehren; das heißt, in ihnen soll das Wort nur erklären, was das Bild nicht zu sagen vermag, anstelle des
Lesebuchs soll ein Schaubuch treten, sollen die „Schaubücher" treten.[23]

Verschiedene Faktoren, die Wirtschaftskrise und innerbetrieblich ungünstige Entwicklungen[24], führten dazu, dass diese vielversprechende Verlagsidee bereits nach drei Jahren
aufgegeben werden musste.

23 Schaeffer, Emil: Was sind „Schaubücher"? In: Orell Füssli Almanach 1930. Zürich/Leipzig: Orell
   Füssli Verlag, 1929, S. 80.
24 Kern, Stefan: Die Schaubücher. Eine Buchreihe des Orell Füssli Verlags Zürich 1929–1932. In:
   Librarium. Zeitschrift der Schweizerischen Bibliophilen-Gesellschaft (1996), Nr. 1, S. 59–66.

Gestaltung und Verlagsmarketing eines belletristischen Verlags am Beispiel des SchirmerGraf Verlags

Tanja Graf

Gerne nehme ich die Gelegenheit wahr, einen konkreten Einblick in die Praxis unseres Verlagsmarketings zu geben und darstellen zu können, wie sehr gerade im Bereich der Belletristik die Vermarktbarkeit der Bücher von ihrer äußeren Gestaltung abhängt. Als Verlegerin unseres vor fünf Jahren gegründeten belletristischen Verlags möchte ich zudem auf die Bedeutung der Buchgestaltung für die Positionierung und Profilierung eines neuen Verlagsprogramms eingehen.

Erste Aspekte des Verlagsmarketings lernte ich bereits während meiner Ausbildung zur Sortimentsbuchhändlerin kennen: Besonders im Bereich Belletristik ist das Buchcover die erste (und oft die einzige) Werbefläche für ein Buch; häufig ist die Buchgestaltung ausschlaggebend für den Kaufanreiz. Das Profil und die Wiedererkennbarkeit eines Verlags hängen wesentlich von seinem „Gesamtauftritt" ab. Dies ist freilich ein Aspekt, der für den Endkunden kaum relevant ist. Die meisten Buchkäufer interessieren sich nicht dafür, aus welchem Verlag sie Lesestoff oder informative oder schöne Bücher beziehen.

Mit dem Verlagsmarketing wenden wir uns also zunächst an unsere beiden ersten Kunden: Den Buchhändler und den Journalisten/Multiplikator.

1. Der Buchhändler weiß wohl zwischen den einzelnen Verlagen zu unterscheiden und hat häufig Vorlieben, die nicht notwendigerweise mit dem Inhalt der Bücher zusammenhängen. Es gilt also, ein Profil, ein Image zu kreieren, etwas vermeintlich Unverwechselbares, Einzigartiges – und dies auf einem Gebiet, auf dem sich zahlreiche exzellente Mitbewerber mit ähnlichem Ziel engagieren. Die Sympathie und das Interesse des Buchhändlers zu gewinnen, und ihn davon zu überzeugen, dass es sich lohnt, sich speziell für unsere Produkte einzusetzen – hierfür ist es entscheidend, ihn zunächst mit dem äußeren Erscheinungsbild, mit der Anmutung zu gewinnen.

2. Der zweite „Kunde" ist der Journalist, der mit einem schnellen Blick in die Verlagsvorschau erkennen können sollte, ob der abgebildete Titel für ihn zur Besprechung interessant ist. Selbstverständlich wird er in erster Linie inhaltliche oder thematische Kriterien anwenden. Aber auch ein Journalist reagiert spontan und nach ästhetischen Gesichtspunkten.

Für beide Zielgruppen spielt die klare Aussage, die wir optisch treffen, eine wichtige Rolle. Unser Profil muss sowohl für den Buchhändler als auch für den Journalisten eindeutig sein: Er muss anhand der Gestaltung unserer Bücher das literarische Niveau einschätzen und damit erkennen können, welchen Endkunden er die Bücher weiterempfiehlt.

Als ich 2003, nach vielen Jahren als Lektorin in einem erfolgreichen, mittelgroßen Verlag beschloss, mich mit einem eigenen Verlag selbständig zu machen, war mir dies bewusst. Mir war auch klar, mit welchem Image ich die Bücher, die ich verlegen würde, versehen wollte. Inhaltlich und thematisch sollte der Schwerpunkt auf internationaler zeitgenössischer und klassisch moderner Literatur liegen: Bücher, die modern, niveauvoll, literarisch und dabei gut zu lesen sein sollten. Bücher, die neue, vielleicht exotische Welten eröffnen oder den Blick auf das Naheliegende schärfen und dabei über den Tellerrand hinausblicken lassen. Bücher, die einen authentischen, mitreißenden, poetischen Ton anschlagen, egal aus welcher Zeit oder Weltgegend sie stammen.

Das Gefäß, also der optische Auftritt, sollte klar, „zeitlos", einprägsam, variabel, wiedererkennbar sein. Letztlich habe ich mich selbst bei der Suche nach einem geeigneten Verlagspartner von diesen Gesichtspunkten leiten lassen. Ich stellte mir eine Kooperation mit einem Verleger vor, dessen Bücher bereits dieses Image haben – modern, klassisch und dabei inhaltlich innovativ. All diese Aspekte trafen auf die Publikationen des Photographie- und Kunstbuchverlag Schirmer/Mosel zu; dessen Verleger Lothar Schirmer erkannte sogleich die Möglichkeiten der Synergie, die das Zusammenspiel eines belletristischen Programms und eines Programms mit visuellen Büchern bieten würde.

Schirmer/Mosel-Bücher hatte ich in Erinnerung als meist weiße Bücher mit klarer Typographie. Auch für den neu zu gründenden Verlag stellte ich mir weißgrundige Bücher mit klarer, einheitlicher Typographie vor; dass dies einer raschen Markenbildung dienen würde, haben belletristische Verlage wie Diogenes oder Manesse erfolgreich gezeigt. Nun galt es aber, eine *neue* Form zu finden, bevor wir mit unserem ersten Programm auf den Markt gehen konnten. Als Lothar Schirmer und ich unsere Verlagsgründung angekündigt hatten, wurden wir geradezu überrannt von hervorragenden namhaften Buchgestaltern, die sich allesamt auch dadurch hervortaten, dass sie bereits für andere deutsche Verlage tätig gewesen waren.

Uns aber schwebte ein Designer vor, der *noch nie* ein Buch für den deutschen Buchmarkt gestaltet hatte. Also luden wir den britischen Typographen Paul Barnes ein, für uns ein gestalterisches Konzept zu entwickeln, das eine ganze Corporate Identity umfassen sollte – nicht nur Buch, sondern auch Briefpapier, Visitenkarten, etc.

Als erstes brauchten wir ein Logo.

Paul Barnes, der gerade dabei war, die englische Tageszeitung *The Guardian* neu zu gestalten, kam im November 2004 zu uns nach München, als vor unserem Büro an der Isar die Blätter fielen – und sobald er wieder zurück in London war, schickte er uns seinen Entwurf für ein Logo, das wir überall einsetzten konnten. Ein grünes Blatt, das verschiedene Assoziationen auslösen würde: Frische, Frühlingshaftigkeit, das Neue, Leichte, ein Blatt Papier, eine (Schreib)feder, hoffnungsvoller Neuanfang, Lorbeer…

Dem Entwurf für dieses Blatt lag eine Idee von Peter Saville und Trevor Key zugrunde; sie hatten ein ähnliches Blatt 1987 für ein Plattencover der Band *New Order* entworfen.

Dieses Logo wird nun konsequent eingesetzt auf den Schutzumschlägen, als „Tapete" auf dem Vor- und Nachsatz jedes Buchs und jeder Verlagsvorschau; es findet sich auf Briefpapier, Visitenkarten, Adressaufklebern, Werbeanzeigen – es ist das Erkennungszeichen unseres Verlags geworden.

Typographisch stellte Paul Barnes sich eine einheitliche Lösung für alle Schriftprodukte unseres Hauses mit folgenden Fonts vor: Die Überschriften und Buchtitel sind in der Big Caslon von Matthew Carter (Boston 1992), die Inhalte in der Berthold Caslon Buch von Günter Gerhard Lange (München 1977) und der Schriftzug des Verlagslogos in der Neufville Futura Digital (ursprünglich von Paul Renner, München 1925). Variabel sind einzig die Schriftgrößen, und, für inhaltliche Hervorhebungen, die kursiven oder halbfetten Varianten der genannten Schriften. Wo es thematisch passt, kommt gelegentlich bei den Überschriften auch die Big Caslon Swash zum Einsatz.

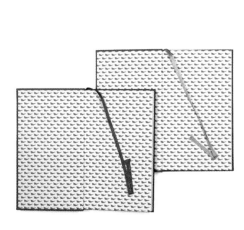

Die einheitliche Typographie dient zum einen der Wiedererkennbarkeit aller Verlagsprodukte; zum anderen legt sie eine inhaltliche Einheitlichkeit der verschiedenen Buch-
publikationen nahe, die nicht zwangsläufig einer tatsächlichen Einheitlichkeit entspricht. Der Bucheinkäufer/Buchhändler und der Endkunde gewinnen so aber den
Eindruck, alle Verlagsprodukte des SchirmerGraf Verlags tragen ein und dieselbe „Handschrift".

Unterstützt wird der einheitliche Eindruck durch die Gestaltung des Bucheinbands
und weiterer gestalterischer Elemente: Alle Bücher sind ganz in Leinen gebunden; die
Farbe des Leinens variiert je nach Saison; die Farben sind leuchtend und klar und nehmen dem Weiß der Schutzumschläge die Strenge. Die Farbe des Logos auf dem Schutzumschlag, Buchrücken und bedruckten Vor- und Nachsatz entspricht jeweils der Farbe
des Leinens. Stehen die Bücher nebeneinander im Regal, ergibt sich ein verspielter Re-
genbogeneffekt. Auch die Lese- und Kaptalbändchen sind jeweils farblich auf den Lei-
neneinband abgestimmt. Die Einbandpappe ist verhältnismäßig dünn und flexibel: So
erscheinen selbst fest gebundene Hardcover „anschmiegsam" – man nimmt sie gerne in
die Hand.

Was nun die Covergestaltung selbst betrifft, so wurde auch hier eine einheitliche, hoch variable Lösung gefunden, die auf einem einfachen Prinzip basiert: Der Fond ist immer weiß, alle Bildmotive sind freigestellt beziehungsweise silhouettiert. So kann neben der Computergraphik ein Gemälde aus dem 17. Jahrhundert stehen, neben der zeitgenössischen Photographie ein Fresko, neben dem Genrebild des 19. Jahrhunderts eine moderne Zeichnung: Alles passt zusammen, wirkt wie aus einem Guss und soll im Idealfall dem Buchliebhaber Lust machen, SchirmerGraf-Bücher zu sammeln.

Valeria Parrella
Die Signora, die ich werden wollte

Erzählungen

Ludovic Roubaudi
Nachrichten aus der Provinz

Roman

Abe Opincar
Am Abend, als ich meine Frau verließ, briet ich ein Huhn

Ein kulinarischer Roman

Luchino Visconti
Angelo

Roman

Verlagsprospekte, Werbematerial und Plakate folgen stets demselben Prinzip:

Gerade jetzt, wo das Thema E-Books virulent wird und Leser von Fach- und Gebrauchs-
literatur sich bald ausschließlich im Internet bedienen, ist die Zeit perfekt für einen Ge-
genentwurf: Die Leidenschaft für schöne Bücher wird nie aussterben; wer sich Informationen digital herunterlädt, wird sich umso lieber mit einem schön gemachten, gut
anzufassenden, spannenden Roman aufs Sofa setzen – und sich daran freuen, wenn dieser nach getaner Lektüre sein Regal schmückt.

Aktuelle Tendenzen in der Buchgestaltung

Uta Schneider

Herausragende Bücher

Nachdem ich im gestrigen Vortrag gemeinsam mit Ulrike Stoltz zwei Beispiele der Künstlerbücher von *usus* vorgestellt habe, richte ich heute in anderer Funktion, als Leiterin der Stiftung Buchkunst[1], den Fokus auf ausgezeichnete, prämiierte Bücher der letzten Jahre. Anhand der überwiegend industriell produzierten Bücher, der Gebrauchsbücher, vergleiche ich aktuelle Formen der Buchgestaltung im internationalen Kontext.

Ich werde die Wechselwirkung von Konzepten, von Typografie, von Buchform und Ausstattung vorstellen und die derzeit zu beobachtenden Veränderungen in der Buchgestaltung angesichts der Präsenz der Neuen Medien aufzeigen. Als Quelle meiner Ausführungen verwende ich ausgezeichnete Bücher der beiden jährlich von der Stiftung Buchkunst durchgeführten Wettbewerbe: *Die schönsten deutschen Bücher*[2] und *Schönste Bücher aus aller Welt/Best Book Design from all over the World*[3].

Anhand der *schönsten deutschen Bücher* erläutere ich zuerst die verschiedenen Buchgattungen. Buch ist nicht gleich Buch. Zu unterschiedlich sind die inhaltlichen Genres, dementsprechend die gestalterische Umsetzung. Pro Kategorie zeige ich exemplarisch ein Buch aus dem aktuellen deutschen Jahrgang 2007.

Im zweiten Teil meines Beitrags gehe ich anhand einiger besonders auffälliger Beispiele aus dem internationalen Wettbewerb *Schönste Bücher aus aller Welt/Best Book Design from all over the World* auf einzelne Buchparameter ein. Ich werde beschreiben, welche Veränderungen in der Buchgestaltung angesichts der medialen Umwälzungen durch die digitalen Medien derzeit sichtbar werden.

---

1 URL: http://www.stiftung-buchkunst.de.
2 Der Wettbewerb wird mit Erster Jury und Zweiter Jury seit 1952 in Frankfurt am Main durchgeführt.
3 Der internationale Wettbewerb, mit international besetzter Jury, 1963 gegründet, findet in Leipzig statt, seit 1991 in der Verantwortung der Stiftung Buchkunst.

Die Buchgenres

Die folgenden Beispiele zeigen Abbildungen aus der aktuellen Dokumentation des Wettbewerbs *Die schönsten deutschen Bücher 2007*, die ausführlich alle einundsechzig ausgezeichneten Titel vorstellt. Die Vogelperspektive der Abbildungen ist dem besonderen fotografischen Konzept geschuldet, mit dem die Gestalter/innen des diesjährigen Kataloges zu einer Reise durch die Bücher-Landschaften der *Schönsten* einladen[4].

Abb. 1: Umschlagmotiv: *Die schönsten deutschen Bücher 2007*. **Stiftung Buchkunst, im Kommissionsverlag der MVB, Marketing- und Verlagsservice des Buchhandels GmbH, Frankfurt am Main, 2008. © Foto: L2M3 Kommunikationsdesign, Stuttgart**

---

4   Die Kataloggestaltung variiert von Jahr zu Jahr, je nach Konzept der jährlich wechselnden Gestalter/innen.

Allgemeine Literatur

Literarische Bücher folgen anderen Gestaltungsregeln als wissenschaftliche Bücher, als Schulbücher, als Kinderbücher. Typografie für Belletristik ist in der Regel Lesetypografie, die außer der Titelei als Entree ins Buchthema, eventuellen Kapitelanfängen und der Pagina kaum Hervorhebungen benötigt. Hier wird der Text im besten Fall am Stück, also linear gelesen.

Abb. 2: Josep Pla; ***Der Untergang der Cala Galiota – Geschichten vom Meer.*** **Berenberg Verlag, Berlin. Gestaltung: Antje Haack/Groothuis, Lohfert, Consorten, Hamburg. © Foto: L2M3 Kommunikationsdesign, Stuttgart**

In dem Roman *Der Untergang der Cala Galiota*, der als Halbgewebeband verarbeitet wurde, ist mit einer schwarz-weiß-Fotografie das Thema Meer aufgegriffen. Und selbst das Inhaltsverzeichnis und die Kapitelanfänge ziehen einen imaginären Horizont durchs Buch, indem die Texte im unteren Drittel einer Seite beginnen. Mancher Leser mag das als unspektakulär empfinden, aber unter den in Massen auf den Markt geworfenen Publikumsbüchern ist solche konsequente Gestaltung herausragend. Auch ist zu beobachten, dass immer mehr Verlage die Notwendigkeit sehen, das Image ihrer Autor/innen mit einem passenden, anspruchsvollen Corporate Design zu verbinden.

Wissenschaftliche Bücher, Lehrbücher

Wissenschaftliche Texte sind in ihren Sinnebenen meist komplexer als belletristische: Auszeichnungen, Lemmata, Anhänge, Anmerkungen, Stichworte, Verweisziffern – der gesamte wissenschaftliche Zitier-Apparat muss gestalterisch in die Gesamtgestaltung eingebunden werden. Hier leistet die Typografie Hilfe beim Differenzieren und Strukturieren von Inhaltsebenen.

Abb. 3: Bruno Keller, Stephan Rutz; *Pinpoint – Fakten der Bauphysik zu nachhaltigem Bauen.* **Vdf Hochschulverlag an der ETH Zürich. Gestaltung: Franka Grosse, Anja Denz, Zürich. © Foto: L2M3 Kommunikationsdesign, Stuttgart**

Nachschlagewerke werden nicht am Stück gelesen, sondern konsultiert. Heutzutage fließen die Inhalte meist aus Datenbanken in ein standardisiertes Grundlayout. Viele Abläufe sind dabei automatisiert. Umso überraschender, wenn ein staubtrockener Inhalt so attraktiv aufbereitet ist wie in *Pinpoint – Fakten der Bauphysik zu nachhaltigem Bauen*: Abgerundete Buchecken, samtweiches Einbandmaterial, munteres Pink für Vorsatz und Kapitelseiten und grandiose, übersichtliche technische Zeichnungen sind zu einem Buch gefügt, das selbst Ahnungslose zur Bauphysik verführt. Dieses wissenschaftliche Buch ist markant, eigenwillig, durch und durch konsequent und dennoch ganz solide handhabbar. Es zeigt sehr schön: Wissenschaft darf auch die Sinne reizen.

Sachbücher, Ratgeber

In Sachbüchern und Ratgebern sind die Texteinheiten meist kürzer, die Überschriften typografisch prägnanter. Leser/innen informieren sich in dieser Art Bücher eher durch Vor- und Zurückblättern. Ist die Bebilderung reichhaltig, wird die Platzierung dieser Abbildungen, das Bildlayout, zum wesentlichen Faktor, wie anregend die Lektüre ist. Sachbücher und Ratgeber sind meist von Seite zu Seite unterschiedlich gestaltet, keine Doppelseite gleicht der anderen.

Abb. 4: Elke Achtner-Theiss, Sabine Kumm; Mangold und Pastinake – *Vergessene Gemüsesorten neu entdeckt.* **Jan Thorbecke Verlag, Ostfildern. Gestaltung: Saskia Bannasch, Burkhard Finken/Finken & Bumiller, Stuttgart. © Foto: L2M3 Kommunikationsdesign, Stuttgart**

In *Mangold und Pastinake – Vergessene Gemüsesorten* ist eine virtuose, zeitgenössische Gestaltung mit traditionellen Vorlagen kongenial zusammengefügt. Eine konsequente Aufteilung von Bild und Text – die Abbildungen sind zum Rand abfallend – sorgt für optische Klarheit, um dann den Blick auf die verspielten, immer links platzierten Kapitelanfänge zu lenken: Linien- und Bogenelemente, die im Text für die Ligaturen der sehr modernen Schrift verwendet werden, ranken hier – nun ohne Buchstaben – ornamental über die linke Buchseite. Mal dichter, mal offener, wie Wurzelwerk oder Triebe.

Kunstbücher, Fotobücher

Eine noch zentrale Rolle spielt das Bild bei den Kunstbüchern. In dieser Gattung wird
– was die zeitgenössische Kunst angeht – das Buch immer öfter zur Ausdrucksfläche der
Kunst selbst. Die bildenden Künstler/innen greifen mittlerweile oft selbstverständlich in
den Gestaltungsprozess ein und überlassen dies nicht mehr ausschließlich dem Verlag
bzw. den Gestalter/innen. Das die Kunst vorstellende Buch wird zur Galerie und ist
doch zugleich eigenständiges Medium.

Abb. 5: Walter Niedermayr, Kazuyo Sejima, Ryue Nishizawa; *Sanaa.* **Hatje Cantz
Verlag, Ostfildern. Gestaltung: Mevis & van Deursen, Amsterdam. © Foto: L2M3
Kommunikationsdesign, Stuttgart**

Sanaa stellt sowohl japanische Architektur als auch den Fotografen Walter Niedermayr
vor. Auf dem Einband ist der Titel blind über das Bildmotiv geprägt. Ansonsten: gerader
Rücken, klare Kanten. Die Fotografien zeigen Räume und Landschaften. Das Buch
selbst hat eine Art Buch-Architektur: Texte sind auf dünneres, im Format schmaleres
Papier gesetzt. Damit ergeben sich deutliche Sektionen, die man durchblättert, um dann
den nächsten Buch-Raum, die nächste Doppelseite zu betreten. Das Buch entfaltet eine
frische, leicht kühle, aber ungemein lichtdurchflutete Atmosphäre.

Kinderbücher

Das Erzählen in Bildern – narratives Moment – spielt in Bilderbüchern und Kinderbüchern die zentrale Rolle. Das Blättern von Doppelseite zu Doppelseite wird durch spannungsgeladene, zeichnerische Kompositionen angeregt. Abfolge, Dramatik, Inszenierung, Spannungsbogen, Perspektive – das sind die zentralen Faktoren, die ein Bilderbuch prägen.

Abb. 6: Andreas Töpfer, Samara Chadwick; *Durch dick und dünn/Through thick and thin.* **Reihe Kinderbuch Band 3. kookbooks, Idstein. Gestaltung: Andreas Töpfer, Berlin. © Foto: L2M3 Kommunikationsdesign, Stuttgart**

Die Buchdoppelseite eines Kinderbuches erzählt die Welt, ist wie ein Bühnenbild, wie im Buch *Durch dick und dünn,* das der Idee des Storyboard folgt. Buchgestaltung bedeutet nicht nur, hübsche Illustrationen zu verwenden, sondern lebt vom gelungenen Zusammenspiel der Zeichnungen mit den Textelementen, die in die Zeichnung integriert werden.

Schulbücher und Lehrbücher

Schulbücher und Lehrbücher werden selektiv gelesen. Fragen, Aufgaben, Tabellen heben sich vom Haupttext optisch ab und bekommen konsequent eigene Stilmittel zugewiesen. Die didaktische Typografie vermittelt die Lerninhalte anschaulich und macht sie damit verständlich.

**Abb. 7: Peter Bekes, Marina Dahmen, Wolfgang Fehr u.a.; *Deutsch S II –
Kompetenzen, Themen, Training*. Schroedel/Bildungshaus Schulbuchverlage,
Braunschweig. Gestaltung: Farnschläder & Mahlstedt Typografie, Hamburg.
© Foto: L2M3 Kommunikationsdesign, Stuttgart**

Das Lesebuch *Deutsch S II* ist vielschichtig. Es enthält sehr gut lesbare, gekonnte, didaktische Mikrotypografie, ergänzt durch Kolumnentitel und zielgruppengerechten Illustrationen, die leseanregend wirken. Das Layout lässt durch den zweispaltigen Satz Freiräume. Wie überhaupt die Übersichtlichkeit dieses Buches sich abhebt von manch anderen Schulbüchern.

Im föderalistischen Deutschland sind die Vorgaben der genehmigenden Behörden und Gremien je Bundesland unterschiedlich. Das beginnt schon mit den verschiedenen Schul-Ausgangsschriften für die Fibeln der Leseanfänger. Die Schulbuchverlage konkurrieren auf einem sehr segmentierten Markt, der meist auf ein Bundesland bezogen ist. Dies erklärt die eher zögerlichen Entwicklungen zumindest in der deutschen Schulbuchgestaltung.

Experimentelle Bücher, Sonderfälle, Bücher, die nicht im Handel sind

In diese Kategorie werden vornehmlich jene Bücher gruppiert, die entweder in kleinen Auflagen und überwiegend von Hand hergestellt oder aber von Institutionen und Firmen herausgegeben werden, die nicht tagtäglich Bücher veröffentlichen, keine Verlagsprofis im engeren Sinn sind. Hierunter fallen Pressendrucke, Künstlerbücher, immer häufiger auch in kleinen Auflagen hergestellte Buchprojekte aus Kunsthochschulen, aber auch Firmenschriften oder Geschäftsberichte. Die zur Verfügung stehenden Budgets, Zeitabläufe und Produktionsmöglichkeiten dieser Bücher sind nicht zu vergleichen mit den Vorgaben eines Massenmarktes. Zudem werden sie meist über andere Wege als den herkömmlichen Buchhandel vertrieben.

Abb. 8: Inga Dorofeeva; *Linchen ging einmal spazieren // in den Fichtenhain.* **Die alte Moritat. Eigenverlag Inga Dorofeeva, Hamburg. Gestaltung: Inga Dorofeeva, Hamburg. © Foto: L2M3 Kommunikationsdesign, Stuttgart**

Künstlerische Illustrationen und Original-Druckgrafiken, wie im Buch *Linchen ging einmal spazieren // in den Fichtenhain*, oder das Experiment mit der Buchform, und damit der Buchstruktur, stehen im Mittelpunkt – also konzeptionelle Überlegungen der Gestalter/innen und Künstler/innen, die oft die Möglichkeiten des Mediums Buch ausreizen. All diese *besonderen* Bücher entstehen im Alltagsgeschäft eines Verlages eher selten. Sie sind Ausdruck einer Randerscheinung oder Nische des großen Marktes, der durch das Hinzutreten der digitalen Medien und neuer Massenmedien – man denke an die Internetforen und die Entwicklungen in der E-Ink-Technologie – sich derzeit gravierend wandelt.

Diese *besonderen* Bücher bilden dabei eine Art kreatives Zentrum, in dem nicht unerheblich an den Veränderungen und Weiterentwicklungen von Buchgestaltung gearbeitet wird. Es sind Bücher, die in Freiräumen entstehen. Diese Freiräume sind nötig für experimentelles Weiterentwickeln tradierter Formen.

Faktoren der Gestaltung

Kommen wir nun detaillierter zu den Faktoren, die die Ästhetik eines Buches prägen: Material, Struktur, Typografie, Bild und Rhythmus. Diese sind nicht neu, doch lässt sich seit ein paar Jahren eine Tendenz beobachten: Durch die Zunahme der digitalen Medien im Informationsmarkt werden besonders die Faktoren, die den Unterschied zu anderen Medien sichtbar machen, wieder wichtiger. Die Abgrenzung zu den digitalen Medien läuft beim Buch über eine Betonung der Materialität, der Objekthaftigkeit, der Handhabbarkeit des Buches an sich. Das Buch kann nicht mit der Schnelligkeit der digitalen Prozesse konkurrieren. Das Medium hat andere Stärken. Auffallend sind die gestalterischen Besonderheiten, die seit einigen Jahren auftreten. Ist anspruchsvolle, zeitgenössische Buchgestaltung also eine Re-Aktion auf die Veränderungen im medialen Gefüge?

Ich stelle nun einige unter oben beschriebenem Aspekt besonders herausragende *Schönste Bücher aus aller Welt* vor. Lassen Sie mich kurz den Kontext erläutern. Am internationalen Wettbewerb nehmen Bücher teil, die bereits in ihren Ursprungsländern durch eine Jury oder Auswahl prämiert wurden. Derzeit senden die Veranstalter von 34 Länderwettbewerben[5] ihre *schönsten Bücher* zum Vergleich nach Leipzig. Eine siebenköpfige, international besetzte Jury wählt dann aus jährlich 600–800 Büchern jeweils 14 Preise aus, wobei die *Goldene Letter*[6] als weltweit höchste Auszeichnung zählt. Alle Ehrungen sind höchst anerkannt, jedoch undotiert. Es kommen Bücher in den Vergleich, deren Herkunftsländer äußerst unterschiedliche Buchtraditionen aufweisen, in denen die Märkte des Publizierens und auch die Lesegewohnheiten verschieden sind – eine Herausforderung für die internationale Jury: Kriterien zu entwickeln, um sowohl unterschiedliche Buchkategorien als auch die Buchgestaltung verschiedener Kulturräume zu vergleichen. Die *Schönsten Bücher aus aller Welt* zeigen Tendenzen auf, die weltweit zu beobachten sind, wobei die regionalen Unterschiede der Kulturräume interessanterweise sichtbar bleiben. Diese zu vergleichen und zu erläutern wäre ein weiteres Vortragsthema.

Material: Gewebe und Papier

„Durchschnitt ist out,“ formulierte ein Buchgestalter jüngst in einer Kolumne. Viel Ähnliches wird produziert. Das Buch muss sich immer mehr als Designprodukt positio-

---

5   Am Wettbewerb 2008 nahmen folgende Länder teil: Ägypten, Australien, Belarus, Belgien, China, Dänemark, Deutschland, Ecuador, Estland, Finnland, Frankreich, Iran, Japan, Kanada, Kroatien, Lettland, Liechtenstein, Litauen, Neuseeland, Niederlande, Norwegen, Österreich, Polen, Portugal, Russland, Schweden, Schweiz, Slowakei, Slowenien, Spanien, Taiwan, Tschechien, USA, Venezuela.

6   Als weitere Preise werden verliehen: eine Goldmedaille, zwei Silbermedaillen, fünf Bronzemedaillen und fünf Ehrendiplome.

nieren, um sich aus dem nivellierten Markt abzuheben. Um aus der Mitte herauszutreten, wagen die Verlage immer öfter – und in Zukunft sicherlich noch verstärkter – den experimentellen Umgang mit dem Material. Halten wir ein Buch in der Hand, sind unser Tastsinn, unsere Hände, die Finger, parallel zum Lesevorgang aktiv. Das Material erzeugt subversiv, indirekt, eine weitere Aussage.

Abb. 9: *Bronzemedaille 2003:* **Carla Sozzani, Yohji Yamamoto (Hrsg);**
Yohji Yamamoto – Talking to Myself. **Steidl Verlag, Göttingen, 2002.**
Gestaltung: Claudio dell'Olio, Mailand/Paris. © Foto: Silvia Frey, Wiesbaden

Talking to Myself, ein zweibändiges Werk, eine Monografie, von außen ganz in weißes Gewebe gehüllt, ist eine Hommage an den japanischen Modedesigner Yamamoto. Das Sujet Stoff wurde hier ins Medium Buch transformiert: Beide Buchblöcke sind geschmeidig, biegbar, weich – der Philosophie des Modekünstlers entsprechend. Der italienische Gestalter setzte stoffähnliche Materialien ein und die buchbinderische Verarbeitung ist – erst auf den zweiten Blick sichtbar–ungewöhnlich. Als Deckel fungiert doppelt gelegtes Gewebe, ein Standardleinen. Das Buch passend zur Haute Couture.

Weich ist auch das Aufschlagverhalten: Die Doppelseiten liegen weich und flach, nichts sperrt. Bei dem in Kodexform gebundenen, fadengehefteten ersten Band fehlt die Buchdecke, die üblicherweise um einen Buchblock gelegt wird. Die Fadenheftung und die Lagen sind sichtbar – man spricht im Fachjargon von einem *offenen Buchrücken*. Die Rückenbeschriftung ist eine aufgeklebte feine Gaze, wie das Label in der Kleidung. Statt der – in der westlichen Buchbindung sonst üblichen – Kodexform mit Fadenheftung wurde der zweite Band als Blockbuch verarbeitet, jedoch nicht in traditioneller Form. Vielmehr ist der Buchblock mit schwarzem Faden im Langstich genäht, nicht gebunden. Als Schuber für die zwei Bände dient eine als Schlaufe genähte Gewebehülle, die wie eine Art Gürtel oder Schal um die Objekte gelegt ist. Dieses Werk ist erwähnenswert, weil hier das Material, also Papier und Gewebe, nicht als experimentelle Spielerei per se, sondern passend zum Thema *Kreation mit Stoff* verwendet wird.

 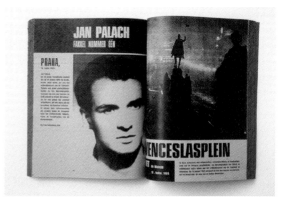

Abb. 10: *Goldene Letter 2003:* **Nynke M. Meijer;** *Jan Palach – Morgen word je wakker geboren.* **Eigenverlag Nynke M. Meijer, Sneek (Niederlande). Gestaltung: Nynke M. Meijer, Sneek (Niederlande). © Foto: Stiftung Buchkunst, Frankfurt am Main & Leipzig**

Im folgenden Buch geht es um Jan Palach, den tschechoslowakischen Studenten, der sich im Januar 1969 nach dem *Prager Frühling* als Ausdruck seines Protests gegen die Zensur mit Benzin übergoss und selbst anzündete. Ihm und der Protestbewegung dieser Zeit widmet die junge, niederländische Gestalterin Nynke Meijer ein experimentelles Buch. Die Wahl des Materials, eines – wegen der kurzen Fasern – nicht sehr reißfesten und damit fast verletzlichen Recyclingpapiers und die Bescheidenheit der drucktechnischen Mittel – Fotokopie! – lässt dieses Buch außerordentlich persönlich erscheinen.

Rot ist ein zentrales Thema und steht hier für Emotion, Agitation, Sozialismus, Blut. Fräst man das weiche Recyclingpapier am Seitenschnitt an, so entsteht eine weiche Oberfläche, die sich wie Haut, wie blanke Haut anfühlt. Wird die angefräste Fläche zudem rot eingefärbt, sieht das Auge auf jeder Doppelseite die rote Begrenzung mit. Die Verletzlichkeit und Brüchigkeit, die dieses Buch ausstrahlt, erzeugt Faszination und Schaudern zugleich, man entwickelt Empathie für die Hauptperson.

Dieses anti-ästhetische, dennoch ungewöhnlich sinnliche Buch ist in kleiner Auflage hergestellt. Würde die exakt gleiche Typografie und Bildgestaltung auf weißes Papier gedruckt, als Hardcover gebunden und als Sachbuch veröffentlicht oder gar auf ein digitales Lesegerät geladen, veränderte sich die Aussage grundlegend. Dieses Buch von Nynke Meijer ist außergewöhnlich und stark, weil es subjektive Position bezieht. Auf Dauer ist das Unverwechselbare interessant.

Ein roter, aufgenähter Faden, ein aufgerauter Fußschnitt, die rösche Oberfläche des Textpapiers und die verschiedenen Farben der Papiere sind bei dem belletristischen Buch *stichting up* die prägenden Materialien. Das im Vorsatz eingearbeitete, vorgestanzte Nähwerkzeug aus Karton, auch zum Öffnen der Seiten gedacht, die vorne perforiert sind, kann später als Lesezeichen verwendet werden.

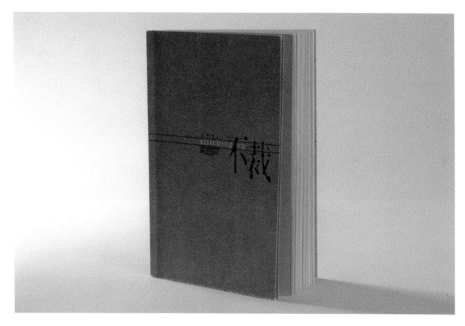

Abb. 11: *Bronzemedaille 2007:* **Gu Shijiu;** *stitching up.* **Jiangsu Literature & Art Publishing House, Nanjing (China). Gestaltung: Zhu Yingchun, Nanjing (China). © Foto: Bärbel Högner, Frankfurt am Main**

Der chinesische Gestalter Zhu Yingchun legte Wert darauf, dem Buch eine *einfache*, doch ansprechende und anspruchsvolle Ästhetik zu geben. Das Buch, so erzählte er zur Preisverleihung in Leipzig, sollte auf den ersten Blick nicht wertvoll wirken, aber attraktiv. Er wählte die Materialien unter dem Aspekt, das Buch billig, jedoch z.B. durch die rote Naht verfeinert, produzieren zu können. Wäre die Naht (noch billiger) lediglich als Bild aufgedruckt worden, hätte dies jedoch die äußere Ästhetik und die Haptik des Buches grundlegend verändert.

Struktur: Buch und Objekt

Unser Sehen ist geprägt durch die Tradition. So auch das Lesen und Betrachten von Büchern. Die inhaltliche Struktur von Büchern ist im Allgemeinen vorgegeben. Nach dem Öffnen des Buchdeckels blättern wir durch Vorsatz, Schmutztitel, Innentitel, Inhaltsverzeichnis, Vorwort, Erstes Kapitel usw. Für die meisten Inhalte ist diese Reihenfolge sinnvoll. Sie hat sich über viele Jahrhunderte ausgeprägt.

In den letzten Jahren treten Gestalter/innen vermehrt nicht nur als Typografen und Layouter auf, die nach den konventionellen Regeln entwerfen, sondern sie verstehen sich auch als visuelle Autoren. Mit der Gesamtkonzeption greifen sie interpretierend in die Struktur des Buches, mitunter auch in die buchbinderische Struktur ein, legen ihre Sichtweise auf das Thema dar und verlassen dabei gelegentlich die herkömmliche Buch-

form. Der Kodex ist nicht mehr die alleinige Form. Der nonverbale Inhalt, die buchge-
stalterische Form, wird – den Text begleitend – sichtbar.

Es ist naheliegend, dass die visuelle Autorenschaft überwiegend in der Kategorie des
Kunstbuchs zu beobachten ist, gelegentlich aber auch im literarischen Buch als visuelle
Antwort auf den Sprachrhythmus.

Abb. 12: *Ehrendiplom 2006*: **Paul Bogaers u.a.;** *Broedplaats Europoort v/h De Beer.*
Artimo, Amsterdam (Niederlande). Gestaltung: René Put. © **Foto: Hartmut Wirks,**
Offenbach am Main

Broedplaats Europoort v/h De Beer entstand anlässlich des Symposiums *The Past in the Present*
des Nederlands Fotomuseum Rotterdam. Auf den ersten Blick wirkt das Kunstbuch wie ein
dokumentarischer Bericht, der die Frage behandelt, wie Industriezonen die Landschaft verändern, also z. B. Brutplätze durch Hafenausbau verschwinden. Der Fotograf Paul Bogaers
vereint in diesem Werk eigene Fotografien, gefundene Schnappschüsse und historisches Fo-
tomaterial. Das Buch hat eine ganz besondere, fast verspielte Struktur. In das schwarz-weiße
Hauptbuch sind vier Hefte mit unterschiedlichen Formaten eingelegt, die Fotografien enthalten – drei in Farbe, eines schwarz-weiß. Diese losen Beihefte können solo geblättert werden. Zur Orientierung sind die Seiten des Hauptbuches und der Nebenhefte fortlaufend
paginiert, sodass der ursprüngliche Platz nach der Lektüre mühelos wiedergefunden wird.

Die kleinen Hefte fungieren wie textlose, visuelle Anmerkungen, die sich um das
Kernthema gesellen wie Kommentare um den Haupttext. Oder anders gesehen: Das
Hauptbuch ist wie die Insel, der Brutplatz, auf den sich variierend die einen oder ande-
ren (seltenen) Vögel niederlassen.

Buchgestaltung ist nicht Gestaltung zweier nebeneinander liegender flacher, zweidimensionaler Seiten, sondern Gestaltung für den Buchraum, für sichtbare Dimensionalität.

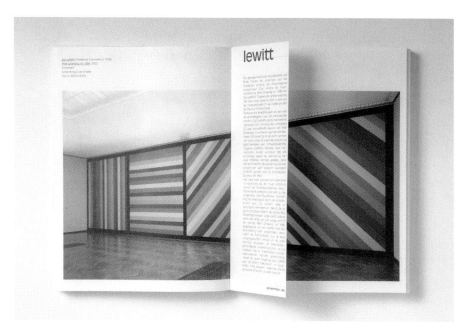

Abb. 13: *Bronzemedaille 2006*: **Stedelijk Museum Amsterdam 2003/2004; Hrsg. Stedelijk Museum, Amsterdam (Niederlande). Gestaltung: Ben Laloua, Didier Pascal (mit Maaike Molenkamp), Rotterdam (Niederlande) © Foto: Hartmut Wirks, Offenbach am Main**

Der folgende Geschäftsbericht stellt die Kunstausstellungen des Stedelijk Museums Amsterdam in ganz besonderer Raumdimension optisch in den Mittelpunkt. Nicht von außen – hier ahnen wir noch nichts. In aufkaschiertes Velour gebunden, wirkt die Broschur ohne Bildmotiv eher neutral und schlicht.

Öffnet man das Buch, stellen sich schmale, zwischen Lagen eingefügte Papierstreifen senkrecht. Da die Hände des Lesers nur das ganzformatige Papier greifen, stellen sich die schmaleren Papiere automatisch auf. Der Blick fällt dabei auf die doppelseitige Abbildung eines ausgestellten Kunstwerkes. Von dem zwischengefügten Blatt nimmt man zunächst nur die hauchdünne Papierkante wahr. Erst mit dem aktiven Umblättern des Papierstreifens wird der erklärende Text lesbar. Er tritt gegenüber der Darstellung der Kunst deutlich zurück.

In den vergangenen Jahren wurden einige Bücher in diesem Stil entworfen: extrem unterschiedliche Papierformate, zusammengebunden in einem Buchblock. Sind die zwischengehefteten Streifen im Verhältnis zum Buchformat sehr schmal, sorgen sie zunächst

für Irritation, sie wirken wie ein Fehler. Die Architektur der Doppelseite und des Buchraums wird sichtbar definiert. Mit dieser Markierung der Mitte des Buches, des Bundes,
setzen die Gestalter/innen bewusst Betonungen: als Zäsur, Rhythmusgeber, Zitat.

Typografie: Schrift und Komposition
Lassen Sie uns nun einen Blick auf die Typografie werfen: auf die Wahl der Schrift, ihre
verwendete Größe, den Zeilenabstand – all jene Einzelelemente, die die Lesbarkeit beeinflussen.

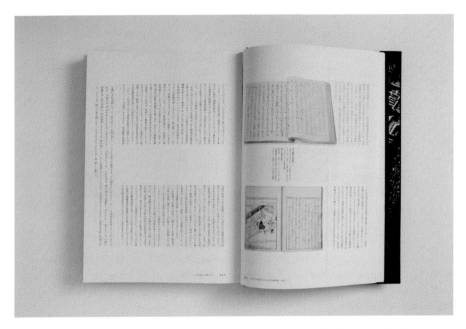

Abb. 14: *Goldene Letter 2005*: **Compilation Committee of Nihon no Kindai
Katsuji, 日本の近代活字; Nihon no Kindai Katsuji. Kindai Insatsu Katsuji Bunka
Hozonkai, Nagasaki (Japan). Gestaltung: Mitsuo Katsui, Tokyo (Japan). © Foto:
Bärbel Högner, Frankfurt am Main**

Nihon no Kindai Katsuji ist ein Buch über Schrift, Bleisatz und die Geschichte der Einführung der Bleisatzlettern in die japanische Satz- und Druckbranche. Ein opulentes Buch
mit schön organisierter Typografie, außen mit schwarzem Satin- Einband im weißen
Schuber, auf der Umschlagseite 1 typografisch spannungsvoll und prägnant hervorgeho-
ben das Schriftzeichen *no* aus dem Hiragana, einem der drei japanischen Zeichensysteme.
Der Tokyoter Gestalter, Mitsuo Katsui, gliedert den Inhalt sehr übersichtlich. Bilder und
Texte sind aufeinander bezogen und von Seite zu Seite in rhythmischer Folge komponiert.
     Auch wenn man das Japanisch nicht versteht, fällt die perfekt behandelte Typografie
auf: Die Legende ist z.B. rechtsbündig genau an jener Achse platziert, wo der Bund eines

abgebildeten Buches sitzt, Achsen werden aufgegriffen, ohne die Gestaltung in ein starres Raster zu zwängen, Auszeichnungen im Text sind durch im Schriftschnitt etwas fettere, dunklere Zeichen markiert.

Japanische Typografie ist komplex. Dieses Buch stelle ich vor, nicht weil es besonders experimentell wäre, sondern weil das typografische Gespür und die Detailarbeit begeistern, die zu einer feinsinnigen, übersichtlichen und klaren Typografie führen. Die drei im Japanischen gleichzeitig verwendeten Zeichensysteme enthalten Zeichen in sehr unterschiedlicher Dichte: komplexe chinesische Wortzeichen des Kanji und offene Hiragana- sowie eher kantige Katakana-Silbenzeichen. Der Grauwert einer Kolumne kann demnach nicht so gleichmäßig aussehen wie bei einem Text, der im lateinischen Schriftsystem gesetzt ist.

Abb. 15: *Ehrendiplom 2006*: **Thomas Buchsteiner, Otto Letze (Hrsg.);** *Max Bill – Maler, Bildhauer, Architekt, Designer.* **Hatje Cantz Verlag, Ostfildern-Ruit. Gestaltung: Sascha Lobe, Ina Bauer/L2M3 Kommunikationsdesign GmbH, Stuttgart. © Foto: Hartmut Wirks, Offenbach am Main**

Bill – reduziert, extrem in die rechte obere Ecke platziert. *Bill*, Komma, *Grafiker, Typograf, Maler, Bildhauer, Architekt, Designer*. Ein Buch über Max Bill, in dem die Typografie markant den Ton angibt. Überzeugend ist der starke typografische Einstieg ins Buch, der sich über einige Doppelseiten hinzieht: Die groß gesetzten Worte werden nicht herkömmlich getrennt, sondern enden abrupt dort, wo das Papier aufhört, und setzen sich mit dem Umblättern auf der folgenden Seite fort. Beim Blättern der Seiten entsteht so ein Eindruck von Film, von Schrift-Laufband. Die kontrastreiche Typografie wird zusätzlich durch den gezielten Einsatz von Farbe inszeniert. Zudem können die Leser den Hauch der Bauhausjahre durch die klare und sachliche Typografie erfahren, die jedoch nicht die Bauhaus-Ästhetik nachahmt. Dieses Buch ist eine wunderbar gestaltete Hommage an *Bill*, Komma, *Max*.

 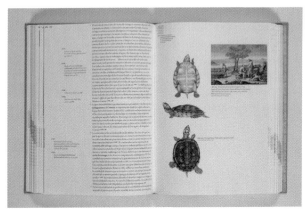

Abb. 16: *Goldene Letter 2008*: **Pedro Cunill Grau;** *Geohistoria de la Sensibilidad en Venezuela*. **Fundación Empresas Polar, Caracas (Venezuela). Gestaltung: Álvaro Sotillo in Zusammenarbeit mit Gabriela Fontanillas, Luis Giraldo, Caracas (Venezuela). © Foto: Uwe Dettmar, Frankfurt am Main**

Geohistoria de la Sensibilidad en Venezuela lautet der Titel eines beeindruckenden wissenschaftlichen Buches. Álvaro Sotillo, Gutenbergpreisträger der Stadt Leipzig 2006, und Gabriela Fontanillas, beide exzellente Typografen aus Caracas, entwarfen eine komplexe und dennoch sehr subtile Typografie. Die verschiedenen Textinformationen sind so minimal wie möglich und so deutlich wie nötig voneinander unterschieden. Die Gestalter verzichten auf farbige Schrift, zeichnen vielmehr durch Kapitälchen, Mediävalziffern und durch Kursive aus. Die Anmerkungsziffern sind in einer serifenlosen, im Schnitt etwas fetteren Schrift gesetzt, die Absatzziffern aus der Textschrift, jedoch links vor die Kolumne platziert, die ohne Einzüge sehr ruhig gestaltet ist, aber dennoch Strukturierung sichtbar macht. Der zur Verfügung stehende Apparat an Auszeichnungsmöglichkeiten wird virtuos und variantenreich eingesetzt. Die Grafiken sind sowohl in die Marginalspalte als auch in die Kolumnenspalte platziert, dabei ausgesprochen lebendig behandelt. Die Textkolumne ist oben wie unten extrem knapp an die Buchkanten gesetzt. Um einer Enge entgegenzuwirken, sind nötige Weißräume ins Layout der Bilder eingearbeitet. Die Art der Bindung, eine japanische Schlauchbindung, eröffnet die Möglichkeit für eine andere Art der Navigation: Ein subtiles Griffregister ziert die vordere Buchkante.

Dieses sehr aufwändige wissenschaftliche Buch markiert einen Trend in der Buchgestaltung dieser Kategorie. Manche Wissenschaftsverlage scheuen keine Kosten mit der Entscheidung, ein Thema zusätzlich zur digitalen Veröffentlichung im Medium Buch herauszugeben.

Laut einer kürzlich erschienenen Projektstudie des Studienganges Werbung und Marktkommunikation der HdM Hochschule der Medien Stuttgart in Kooperation mit der Heidelberg Print Academy[7] werden gedruckte Botschaften im Vergleich zu elektronischen Medien positiver erinnert. Print erweist sich als das einprägsamere Medium. Zwar bezieht sich diese Studie auf Werbekommunikation, aber die Kernaussage dürfte auch für das Medium Buch zutreffen.

Bild: Stil und Layout

Anhand der folgenden Bücher werden Unterschiede in der Bilddarstellung aufgezeigt. In der grafischen Szene sind derzeit alle Arten der Info-Grafik und des *Mapping* en vogue: Visuelle Kommunikation, die komplexe Sachverhalte ohne Sprache verständlich macht.

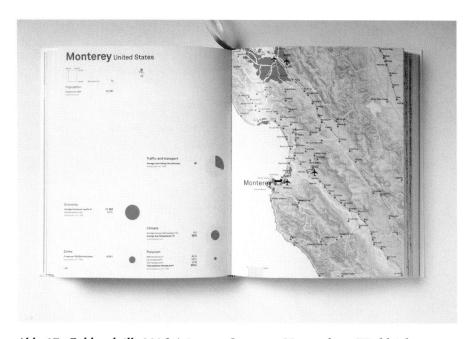

Abb. 17: *Goldmedaille 2006:* **Arjen van Susteren;** *Metropolitan World Atlas.*
010 Publishers, Rotterdam (Niederlande). Gestaltung: Joost Grootens, Amsterdam (Niederlande). © Foto: Hartmut Wirks, Offenbach am Main

---

7   Die Stärken von Print in der Marken- und Unternehmenskommunikation, HdM Hochschule der Medien, Stuttgart, in Zusammenarbeit mit der Print Media Academy der Heidelberger Druckmaschinen AG, 2008.

In *Metropolitan World Atlas* werden geografischen Karten von 101 Metropolen statistische Daten in visueller Form zugeordnet, ohne dass die typische Tabellenform oder verbale Beschreibungen beansprucht würden. Flächenbedarf, Einwohnerzahlen, Klima, Wirtschaft, Verkehr, Lebenserwartung und allerhand weitere statistische Daten werden leicht unterscheidbar grafisch dargestellt. Wie bei wissenschaftlicher Grafik üblich, machen die Größenveränderungen optisch sichtbare Aussagen, die sich sonst nur durch Zahlenwerte oder verbale Beschreibungen darstellen lassen. Beziehungen zwischen Einzelelementen werden durch flächige Gruppierung codiert: Hier sind beige und orange Kreise zusammengefügt.

Das Internet forciert die Rolle des Bildes als Informationsträger. Dort spielen Bilder, vor allem Fotos und Infografiken eine wichtige Rolle. Diese verstärkte Auseinandersetzung mit visueller Information spiegelt sich auch in der Buchgestaltung wider.

Bilderbücher, Kinderbücher, Schulbücher, wissenschaftliche Bücher und illustrierte Bücher leben von der Qualität der Zeichnung. Der Zeichenstil, die Strichführung und Stilmittel der Illustration, variieren je nach Genre. Während wissenschaftliche Zeichnung präzise jedes Detail darzustellen hat, erfordert z. B. die Illustration eines Textes der Weltliteratur einen eigenständigen, künstlerischen Zeichenstil. In der Gesamtgestaltung eines Buchs werden Zeichenstil, Schriftwahl und Schriftschnitt aufeinander abgestimmt.

Abb. 18: *Ehrendiplom 2008*: **Isabel Martins, Bernardo Carvalho;** *pê de pai.* **Planeta Tangerina, São Pedro do Estoril (Portugal). Gestaltung: Bernardo Carvalho. © Foto: Uwe Dettmar, Frankfurt am Main**

Das portugiesische Bilderbuch *pê de pai* zeigt einen für Kinderbücher eher seltenen Illustrationsstil: Die Figuren, die Bernardo Carvalho zeichnet, sind flächig angelegt. In den Zeichnungen sind kein Körpervolumen, keine Räumlichkeit durch Licht und Schatten und keine Farbnuancen oder Verläufe gezeichnet. Dennoch erzeugt der Illustrator mit wenigen Mitteln ausdruckstarke Persönlichkeiten. Die Doppelseiten sind in der Farbintensität und Flächenverteilung sehr ausgewogen, sie korrespondieren in ihrer Farbgebung von Einzelseite zu Doppelseite hervorragend. Es ist der Rhythmus der Farbwechsel, der beim Blättern durchs Buch die Spannung aufbaut und hält. Die Dramaturgie lebt eigenständig und unabhängig vom Text vom Ausdruck der Figuren sowie den Bildanschnitten. Auch die Schrift interagiert passend mit den Figuren.

Dramaturgie: Rhythmus und Tempo

Das Buch ist Bühne. Mit dem Layout wird Rhythmus gemacht. Vollen Seiten folgen leere, bunten Seiten schwarz-weiße. Bilder sind angeschnitten, also verankert an der Buchkante, oder freigestellt und damit eher schwebend, oder zum Rand abfallend und damit direkt und unmittelbar in ihrer Wirkung. Buchgestaltung ist wie Filmemachen. Buchgestalter/innen legen als Regisseur/in Timbre und Tempo fest, komponieren Spannungsbogen oder flechten Metaebenen der Geschichte ein.

Aus aktuellem Anlass und zum Abschluss des Vortrags zeige ich einen brasilianischen Traum, ein Buch voll visuellem Rhythmus, narrativ und emotional: *Futebol-Arte*, die Kunst des Fußballs.

Abb. 19: *Ehrendiplom 2001*: Jair de Souza, Sérgio Sá Leitão, Lucia Rito; *Futebol-Arte – A cultura e o jeito brasileiro de jogar*. Empresa das Artes/Editora Senac de São Paulo (Brasilien). Gestaltung: Jair de Souza. © Foto: Stiftung Buchkunst, Frankfurt am Main & Leipzig

Dieser Band ist selbst für Fußball-Muffel spannend, denn er vermittelt nicht nur die Freude am Spiel, sondern beschreibt auch die Kultur und die Fans. Der Wechsel von Text- und Bildseiten gibt dem Buch Tempo und etwas Fließendes. Das grüne Vorsatz inszeniert bereits die Spielfläche, das Buch ist der Rasen. Als Detail sei bemerkt, dass der Spieler schwarz-weiß abgebildet wird. Die Farbreduktion der Figur lenkt das Auge zudem auf die Form und damit auf die Bewegung, die Drehung des Rumpfes. Der Innentitel wirkt, nach der Dynamik der vorherigen Seite, wie ausgebremst. Linke Buchseite, rechter Schuh. Rechte Buchseite, linker Schuh. Der abwesende Spieler ist uns zugewandt.

Zunächst wird die Geschichte des Balls erzählt. Die Bildleiste am rechten Rand zeigt einen Bewegungsablauf, während das geschnürte Etwas statisch in der optischen Mitte der Seite ruht. Text trifft Ball. Eckig und rund sind hier gegenübergestellt. Die Doppelseite lebt vom Bunt-unbunt-Kontrast. Noch ruht alles. Die Proportion der Textfläche ist optisch ausgewogen mit der Abbildung des Sportlers. Doch auf den folgenden Seiten geht das Spiel los. Wir sehen, dass in jedem Alter, in jeder Situation gekickt wird. Der Fotograf steht im Tor, oder? Ob er ihn halten kann, den Ball? Schnitt, Umblättern: Er kann. Die Perspektive hat gewechselt. Die Leser/innen stehen nun vor dem Tor, nicht mehr im Tor. Buchgestaltung par excellence.

Die Gesamtgestaltung – technische wie gestalterische Ausführung – erzeugen die Wirkung eines Buches. Die technischen Details wie Satz, Makrotypografie, Druck, Papier und Buchbindung beeinflussen die ästhetische Wirkung ebenso wie die gestalterischen Details, also die Gesamtkonzeption, die Innengestaltung, die Einband- und Umschlaggestaltung oder die Mikrotypografie. Prägend für die Gesamtgestaltung sind besonders die Lesbarkeit, die Text- und Bildgestaltung, gewählte Bildformate, die Bildqualität sowie Satzspiegel und Ausstattung. Buchgestaltung – ein komplexes Gefüge vieler Details.

Gleiche Ziele, andere Lösungen: Buchnahe Gestaltung für den Bildschirm

Christoph Bläsi

Man braucht nicht gleich den Diskurs um das mögliche Ende der Gutenberg-Galaxis aufzurufen[1], wenn man zur Kenntnis nimmt, dass immer mehr – auch längere und komplexere – Texte von Displays gelesen werden. Dabei spreche ich an dieser Stelle ausdrücklich nicht von so genannten „E-Paper"-Displays, wie sie z.B. das Lesegerät „Kindle" von Amazon aufweist, sondern von herkömmlichen Displays, wie man sie von Desktop- bzw. Notebook-Computern kennt. Für diese herkömmlichen Displays stellt sich die Frage, wie Texte zu gestalten sind, damit sie gut gelesen werden können, besonders im Fall von Texten der Art, wie wir sie typischerweise aus gedruckten Büchern rezipieren.

Ich möchte in diesem Aufsatz Richtlinien für die Gestaltung von so verstandenen Lesetexten für Displays zusammentragen, herleiten und diskutieren. Diese können dann Grundlage konkreter Textgestaltungsaufgaben sein; natürlich können verschiedene Gestaltungsziele bei einer solchen konkreten Aufgabe in Widerspruch zueinander geraten, was dann nur individuell gelöst werden kann.

Einige Vorab-Klärungen

Ich werde im Folgenden einige Aspekte des Layouts im weiteren Sinne, insbesondere die Anordnung von verschiedenen Textblöcken auf der Seite sowie die Gestaltung mit Bildern und Ornamentalem, nicht berücksichtigen, sondern mich auf die Gestaltung einzelner Textblöcke beschränken.

Eingangs gilt es außerdem, den Begriff der Lesetexte zu präzisieren: Ich wähle hier die Kriterien relative Länge und relative Unstrukturiertheit sowie die damit im Zusammenhang stehende Tatsache, dass solche Texte typischerweise im Modus des linearen Lesens[2] rezipiert werden, also ohne Sprünge vom Anfang bis zum Ende. Typische Vertreter solcher Texte sind belletristische Texte, v.a. die Epik, populäre Sachbücher sowie geisteswissenschaftliche Monographien.

Was die erwähnten „herkömmlichen" Displays angeht, muss man natürlich auch diese präzise fassen. Im Gegensatz zu „elektronischen Papieren"[3] sind diese aus prinzipi-

---

1 Vgl. dazu: Bläsi, Christoph: Gutenberg-Galaxis? Zur Zukunft von Büchern und deren Inhalten. In: Wunderlich, Werner; Schmid, Beat (Hrsg.): Die Zukunft der Gutenberg-Galaxis. Tendenzen und Perspektiven des Buches. (Facetten der Medienkultur, Bd. 7). Bern 2008, S. 51–68.
2 Vgl. Willberg Hans Peter/Forssman, Friedrich: Lesetypographie. Mainz 1997, S. 17–22.
3 „Elektronisches Papier" funktioniert – wie eigentliches Papier auch – auf Basis der Reflektion des Umgebungslichtes, dessen Intensität sich an bedruckten und unbedruckten Stellen unterscheidet.

ellen technischen Gründen hintergrundbeleuchtete Displays. Diese selbst leuchtenden Displays treten in zwei wichtigen, auf verschiedenen, aber im Hinblick auf den genannten Aspekt äquivalenten Technologien beruhenden Unterformen auf, als Kathodenstrahlröhren-Displays[4] (vulgo „Röhrenbildschirme") und als Flüssigkristall-Displays[5] (vulgo „Flachbildschirme"). Von deren gemeinsamen Eigenschaften[6] sind die folgenden von Relevanz für meine Ausführungen: Sie haben eine im Vergleich zu gutem Druck auf Papier niedrige Auflösung[7] – und sie leuchten eben selbst (das ist das erwähnte Klassen bildende Kriterium). Außerdem können sie Blend- und Spiegeleffekte hervorrufen, haben einen beschränkten Betrachtungswinkel und können aufgrund ihrer materiellen Gegebenheiten (Größe, Gewicht) oft nur in für längeres Lesen unnatürlicher Körperhaltung betrachtet werden. Dass sie einen nennenswerten Stromverbrauch haben, ist v.a. für den mobilen Betrieb und im Hinblick auf den Anspruch einer „Green IT" ebenfalls ein gemeinsames Kennzeichen, aber hier nicht weiter von Belang.

Ansatzpunkt für die folgenden Überlegungen ist, dass das Lesen von relativ langen und relativ unstrukturierten Texte auf selbst leuchtenden Displays als beschwerlich und als wenn immer möglich zu vermeiden gilt. Die Gründe hierfür sowie die Verbesserungsmöglichkeiten mit Hilfe gestalterischer Mittel sollen nachfolgend diskutiert werden.

Gestalten mit Schrift

Das Gestalten mit Schrift muss unabhängig vom Ziel-Ausgabemedium des Gestaltungsergebnisses als komplexer Problemlösungsprozess in einem Zielsystem gesehen werden, in dem verschiedene Zielkategorien zueinander in Widersprüchen stehen. Die zunächst häufig unvereinbaren Anforderungen, die sich daraus ergeben, müssen für eine konkrete Gestaltungsaufgabe jeweils zu einem individuellen Ausgleich gebracht werden.

Dieses Zielsystem ist dabei – so stellt sich das mir dar[8] – gegeben durch die Kategorien Ergonomie, Ökonomie, Ästhetik sowie eine Kategorie, die ich „eigener Bedeutungsbeitrag" nennen möchte. Im Hinblick auf die Kategorie Ergonomie lautet die Maxime, dass das Gestaltungsergebnis *ceteris paribus* so gut lesbar (bzw. in einem weiteren Sinne gut rezipierbar) sein soll wie möglich – im Rahmen einer vorgesehenen Rezeptionssituation für eine bestimmte Zielgruppe natürlich. Im Hinblick auf die Kategorie Ökonomie gilt, dass das Gestaltungsergebnis *ceteris paribus* so günstig wie möglich produzierbar sein soll, d.h. z.B. konkret: auf umso weniger Seiten bzw. Bögen oder mit umso weniger Farbe, desto besser.

---

4 Für einen guten Überblick über Details von Kathodenstrahlröhrendisplays vgl. z.B. http://de.wikipedia.org/wiki/Kathodenstrahlr%C3%B6hre.

5 Für einen guten Überblick über Details von Flüssigkristall-Displays vgl. z.B. http://de.wikipedia.org/wiki/Fl%C3%BCssigkristalldisplay.

6 Vgl. dazu z.B. Ziefle, S. 60/61, s.u. (Anm. 18).

7 Wir reden hier etwa über einen Faktor 5 – zwischen einer Auflösung von knapp 100 dpi (dots per inch) bei heute typischen Gegebenheiten und Einstellungen auf Computer-Displays und vielen hundert dpi bei gutem Druck; zum Vergleich: typischer Büro-Laserdruck liegt bei einer Auflösung von etwa 300 dpi.

8 Vgl. zu solchen Überlegungen aber z.B. Ernst, Albert: Wechselwirkung: Textinhalt und typografische Gestaltung. Würzburg (2005) oder auch Kapr, Albert/Schiller, Walter: Gestalt und Funktion der Typografie. Leipzig (1981).

Die Forderung der Kategorie Ästhetik lautet, dass die Lösung *ceteris paribus* von der Zielgruppe als möglichst „schön"[9] empfunden werden soll. Und die Kategorie „eigener Bedeutungsbeitrag" schließlich meint, dass die Lösung *ceteris paribus* semantisch etwas vermitteln soll, das über das mit Hilfe der Schriftzeichen des Textes Übermittelte hinausgeht. Das kann unterstützend sein, durchaus aber z.B. den sprachlichen Gehalt auch konterkarieren: Eine politisch dem rechten Spektrum zuzuordnende Äußerung kann man, indem man sie in Fraktur setzt, in den Fokus rücken und denunzieren; man kann mit einer modern wirkenden Schrift aber z.B. auch die (vermeintliche) Zukunftsgerichtetheit des Beschriebenen suggerieren. In jedem Fall muss differenzierend mitbedacht werden, dass insbesondere Ästhetik und „eigener Bedeutungsbeitrag", aber auch Ästhetik und Ergonomie (vgl. das *form follows function* des Bauhaus in den 20er-Jahren des vorigen Jahrhunderts) nicht nur im Konflikt stehende, sondern voneinander ein Stück weit auch abhängige Kategorien sind.

In diesem mehrdimensionalen Zielsystem kann es für die Gestaltung kein einfaches „richtig" geben, sondern nur immer wieder die zielgruppen- und zielnutzungsgerechte Auflösung eines komplexen Zielkonfliktes. Gestalten wird hier dementsprechend als komplexe Problemlösung verstanden.

Natürlich ist es unmöglich, für jede Gestaltungsaufgabe die gesamte Komplexität dieses Zielsystems aufzurufen und sich in diesem System in voller Offenheit auf die Suche nach je individuellen Optima zu begeben. Vielmehr wird in den meisten Fällen die tradierte Menge gestalteter Texte eine Orientierung bieten und die Komplexität der Aufgabe entsprechend pragmatisch reduziert. Man kann eine solche Komplexitätsreduktion aber auch explizit machen, und zwar einerseits mit Blick auf eine Lesetypographie *lege artis,* also darauf, wie sich beispielhafte Lösungen in allgemein akzeptierten Positionen von maßgeblichen Buchgestaltern nieder schlagen. Andererseits kann man wegen ihrer Gestaltung prämierte Bücher betrachten. In beiden Fällen kann man davon ausgehen, dass die erwähnten Zielkonflikte auf die Gestaltungshandlung hin reflektiert bzw. als auf exemplarisch gelungene Weise gelöst erachtet wurden.

Für eine Lesetypographie *lege artis* möchte ich mich auf Willberg/Forssman[10] beziehen und hier beispielhaft einige von deren wesentlichen Empfehlungen anführen:
– „Faustregel: Der Wortabstand muss deutlich kleiner sein als der Zeilenabstand."[11]
– „Je länger die Zeile, um so größer muss der Zeilenabstand sein. Je kürzer die Zeile, desto geringer kann der Zeilenabstand sein."[12]
– Bei glänzendem Kunstdruckpapier: „Vorsicht! Bei mageren und engen Schriften … besteht die Gefahr der Überstrahlung."[13]
– „Faustregel: Schmalsatz = Flattersatz."[14]

---

9 Das ist notwendigerweise extrem verkürzend und kann unter der gegebenen Fragestellung nicht
    weiter problematisiert werden.
10 Z.B. Willberg/Forssman 1997 (Anm. 2), hier aber v.a. Willberg, Hans Peter/Forssman, Friedrich:
    Erste Hilfe in Typographie. Ratgeber für Gestaltung mit Schrift. Mainz (2000).
11 Willberg/Forssman 2000 (Anm. 10), S. 30.
12 A.a.O., S. 31.
13 A.a.O., S. 37.
14 A.a.O., S. 51.

Als mögliche Mittel der typographischen Betonung listen Willberg/Forssman kursive
oder halbfette Schriftschnitte, aber auch Kapitälchen, Versalien, die Sperrung, die Un-
terstreichung oder farbige Schrift (am besten halbfett).[15] Als „die beliebtesten Fehler"
Fehler beim Gestalten mit Schrift geißeln sie u.a. falsche An- und Abführung, die falsche
Verwendung von Divis und Viertelgeviertstrich sowie falsche Auslassungspunkte[16].

**Abb. 1: Einige Seiten aus „Die großen Geschichten der Menschheit" von C. H.
Beck (Quelle: Die schönsten deutschen Bücher 2007. Stiftung Buchkunst, im
Kommissionsverlag der MVB, Marketing- und Verlagsservice des Buchhandels
GmbH. Frankfurt 2008; Foto: © 2M3 Kommunikationsdesign GmbH)**

Noch grundlegender als oben Angeführtes und im Projektablauf auch zeitlich vorgängig
ist natürlich die Wahl des Schrifttyps und der Schriftgröße; dazu gelten die folgenden
Orientierungspunkte – hier in der Fassung von Ziefle – als im Wesentlichen unwider-
sprochen: „Insgesamt scheint es hinsichtlich der Lesbarkeit eine Überlegenheit von Seri-
fenschriften im Vergleich zu serifenlosen Schrifttypen zu geben …." und: „Paterson &
Tinker … untersuchten, ob die Buchstabengröße einen die Lesbarkeit beeinflussenden
typographischen Faktor darstellt. … Die Schriftgröße, die am schnellsten gelesen wurde,
war eine Schriftgröße von 10 Punkten … Die Probanden präferierten allerdings eine
Schriftgröße von 11 Pt."[17]

---

15 A.a.O., S. 52/53. Ich werde unten unter „Geänderte Gestaltungsrichtlinien für Displays?" nicht
   explizit darauf eingehen, dass von diesen typographischen Betonungen außer der farblichen
   Hervorhebung aus verschiedenen Gründen keine für die Gestaltung für Displays empfohlen
   werden kann.
16 A.a.O., S. 56–60.
17 Ziefle, Martina: Lesen am Bildschirm. Eine Analyse visueller Faktoren. Münster 2002, S. 22.

Wenn man wegen ihrer Gestaltung prämierte Bücher betrachtet, ergibt sich – zumindest bei den „Lesetext"-Kategorien des Wettbewerbs wie „Allgemeine Literatur" oder „Taschenbücher" – ein zu Obigem allem Anschein nach weitgehend widerspruchsfreies Bild. Das belegt z.B. Abbildung 1, wenn man die dort abgebildete Gestaltungslösung an dem von Willberg/Forssman Empfohlenen überprüft. „Originelle" Lösungen einseitig zulasten der Ökonomie – z.B. in Form exzessiver Weißräume – oder einseitig zulasten der Ergonomie – z.B. in Form gelber Schrift auf weißem Grund – finden sich fast nur in Wettbewerbskategorien wie „Kunstbücher, Fotobücher, Ausstellungskataloge" oder „Sonderfälle, experimentelle Bücher".

Geänderte Gestaltungsrichtlinien für Displays?

In der Gestaltungsliteratur kann man verschiedentlich lesen, dass sich die oben kurz umrissenen Richtlinien für die Textgestaltung für Printprodukte im Wesentlichen auf die Gestaltung von Texten für Displays übertragen ließen. So heißt es z.B. bei Ziefle: „Die Befunde zeigen, dass im Großen und Ganzen … die für Papier entwickelten Maßgaben für eine gute Lesbarkeit auch für die Textdarstellung am Bildschirm gelten."[18] und bei Böhringer/Bühler/Schlaich kann man lesen: „Für die Typographie am Bildschirm gelten im Wesentlichen die Regeln, die im Typographie-Kapitel [für die Print-Typographie, C.B.] aufgestellt werden …"[19]

Das kann zumindest nicht die ganze Wahrheit sein, denn die oben aufgelisteten spezifischen Eigenschaften selbst leuchtender Displays induzieren unstrittig Einschränkungen (siehe unten), auf die gestalterisch reagiert werden kann und muss; andererseits ist es auch so, dass in den technologischen Zusammenhängen, in denen solche Displays verwendet werden, bestimmte Einschränkungen, auf die die Gestaltungsrichtlinien für Printprodukte Rücksicht nehmen mussten, nicht mehr gelten und sich von daher auch zusätzliche, neue Gestaltungsoptionen ergeben.

Die sich bei selbst leuchtenden Displays ergebenden Einschränkungen kann man mit Ziefle noch einmal folgendermaßen zusammenfassen: „Im Hinblick auf die Anforderungen des visuellen Systems stellt der Bildschirm … ein schlecht angepasstes Lesemedium dar. Die Buchstaben sind durch die technischen Begrenzungen des Bildschirms weit weniger konturscharf und der Kontrast ist geringer. Zusätzliche Raumbeleuchtung verringert den Zeichenkontrast beim selbst leuchtenden Medium und hat zur Folge, dass sich Spiegelungen auf der Glasoberfläche einstellen können. Wenn der relative Unterschied zwischen der Helligkeit des Zeichens und der Helligkeit des Hintergrunds zu groß ausfällt, kann es zu störenden Effekten kommen, die sich darin äußern, dass sich die Zeichen so auf der Netzhaut ‚einbrennen', dass es zu Nachbildern kommen kann, ähnlich dem Nachbildeffekt, der auf der Retina zurückbleibt, nachdem man in eine helle Lichtquelle geblickt hat."[20]

Unter diesen spezifischen Gegebenheiten haben sich nun zwei Gestaltungsempfehlungen herausgebildet, die im Widerspruch stehen zu denen für die Gestaltung für

---

18 Ziefle, S. 58.
19 Böhringer, Johannes/Bühler, Peter/Schlaich, Patrick: Kompendium der Mediengestaltung für Digital- und Printmedien. Heidelberg (2006), S. 159.
20 Ziefle, S. 60/61.

Printprodukte: eine im Hinblick auf die Schriftauswahl und eine im Hinblick auf die Positiv- bzw. Negativdarstellung der Schrift. Mit diesen beiden möchte ich beginnen.

Schriftauswahl

Was die Schriftauswahl angeht, ergibt sich aus den oben noch einmal zusammengefassten spezifischen Gegebenheiten bei selbst leuchtenden Displays nach überwiegender Meinung die Empfehlung, zumindest für die Gestaltung von Lesetexten serifenlose Schriften ohne Strichstärkenkontraste zu verwenden[21]. In der Formulierung von Veruschka Götz liest sich das so: „Antiquaschriften sollten auf dem Bildschirm sparsam eingesetzt werden, weil sie in längeren Texten das Lesen erschweren. … Das Merkmal von Antiquaschriften sind Serifen und unterschiedliche Strichstärken, die aber auch das Problem ausmachen. … Serifen, die durch einen anderen Winkel als den rechtwinkligen definiert sind, [erzeugen] eine Stufung. Das Schriftbild wirkt nicht mehr so glatt wie bei einer Groteskschrift. … Sind diese [in der Strichstärke variierenden Schrägen, C.B. nach V.G.] sehr dünn, können sie in Konkurrenz zu den dickeren Strichstärken geraten. … Eine Antiquaschrift sollte deshalb für den Gebrauch auf dem Bildschirm nicht für längere Texte gewählt … werden."[22,]

Im Ergebnis heißt das: Es gibt für selbst leuchtende Displays eine geänderte Standardempfehlung im Hinblick auf die Schriftauswahl für Lesetexte: *Grotesk statt Antiqua*[23].

Zu dieser Empfehlung gibt es allerdings ein abweichendes (Minderheiten-)Votum. So sieht Redelius[24], empirisch gestützt, keinen Vorteil von Grotesk-Schriften – allenfalls gegenüber Antiqua-Schriften mit besonders starkem Strichstärkenkontrast, schmalem Buchstabenbild und enger Laufweite. Einen möglichen Angriffspunkt gegen diese Position böte der Hinweis, dass die von Redelius im Jahre 1998 betrachteten Grotesk-Schriften (noch) nicht für Displays optimierte Schriften wie Arial oder Verdana waren.

Positiv- oder Negativdarstellung der Schrift

Was die Positiv- bzw. Negativdarstellung der Schrift angeht, ergibt sich nach überwiegender Meinung die Empfehlung, die Schrift hell(er) auf dunkle(re)m Grund, also negativ, dazustellen[25]. In der Formulierung von Veruschka Götz liest sich das so: „Der Unbuntkontrast bietet eine einfache Möglichkeit, auf dem Bildschirm gute Lesbarkeit und Schonung der Augen zu bewirken, wenn die Schrift und der Hintergrund auf Schwarz

---

21 Das im expliziten Gegensatz zu den oben zitierten Aussagen in Ziefle, S. 22 (Anm. 18).

22 Götz, Veruschka/Erben, Ben: Schrift & Farbe am Bildschirm. Mainz 1998, S. 98/99. Im Unterschied zum Selbstleuchten der in diesem Aufsatz herangezogenen Displays, das prinzipbedingt ist, ist es im Hinblick auf diese Eigenschaft denkbar, dass zunehmend höhere mögliche Auflösungen bei Kathodenstrahlröhren- und v.a. Flüssigkristalldisplays diese geänderte Standardempfehlung obsolet machen.

23 Antiqua hier im Sinne von: zumindest mit Strichstärkenkontrasten, typischerweise zusätzlich mit Serifen, Grotesk im Sinne von: ohne Strichstärkenkontraste, ohne Serifen.

24 Vgl. Redelius, Jürgen: Der „digitale" Gutenberg. Untersuchung zur Lesbarkeit digitaler Bildschirmschriften. Dissertation, Pädagogische Hochschule Ludwigsburg. Ludwigsburg 1998, S. 120–125.

25 Die entsprechende gegensätzliche Empfehlung für Printprodukte wird nirgends explizit gemacht – es ist aber unschwer ableitbar, dass dort implizit immer die Positivdarstellung gemeint ist.

aufgebaut sind. … Am besten eignen sich schwarze und dunkelgraue Hintergründe mit einem schwachprozentigen Schwarz, das wie weiß wirkt, aber nicht die Überstrahlung eines reinen Weiß hat." Der Befund, der dieser Empfehlung zugrunde liegt, ist: „Ist der Hintergrund weiß oder in hellem Grau gehalten, ergibt sich das Problem einer ständigen Augenreizung durch die Lichtstrahlen des Bildschirms"[26].

Im Ergebnis heißt das: Es gibt für selbst leuchtende Displays eine geänderte Standardempfehlung im Hinblick auf die Positiv-/Negativdarstellung von Schrift für Lesetexte: *negativ (hell auf dunkel) statt positiv (dunkel auf hell bzw. schwarz auf weiß)*.

Aber auch zu dieser Empfehlung gibt es vereinzelt abweichende Ansichten. So führt Ziefle, auf empirische Befunde anderer gestützt, aus, Positivdarstellung trage zum generell erstrebenswerten hohen Kontrast bei; jedoch könnten, so schränkt sie ein, in der Tat Kontrastblendungen nicht ausgeschlossen werden und es gebe (das von Ziefle leider im Einzelnen nicht auf Faktoren herunter gebrochen, C.B.) Nachteile gegenüber Papier im Bereich des Hintergrundes, selbst wenn dieser *nicht* flimmert[27] (wie das bei Flüssigkristallbildschirmen ja nicht der Fall ist). Und Böhringer/Bühler/Schlaich meinen: „Helle (negative) Schrift auf dunklem Hintergrund entspricht nicht unseren Sehgewohnheiten[28] und ist bei größerer Textmenge zu vermeiden."[29] Hierzu ist allerdings zu bemerken, dass der berechtigte Hinweis auf die Sehgewohnheiten wohl eher als ein Aufrufen des Zielkonfliktes mit der Kategorie „eigener Bedeutungsbeitrag" einer Gestaltungslösung gesehen werden muss – und nicht als eine Gegenposition zu Empfehlungen im Bereich der Ergonomie.

Sonstige Empfehlungen, weitere Einschränkungen

Über die jetzt schon behandelten zentralen Fragen der Schriftauswahl und der Positiv- bzw. Negativdarstellung der Schrift hinaus möchte ich – mit Veruschka Götz[30] – noch folgende spezifischen Empfehlungen für das Gestalten mit Schrift für Displays anführen:

– keine mageren Schriftschnitte verwenden, da sonst Überstrahlung droht
– keine kursiven Schriftschnitte verwenden, da es sonst noch mehr – problematische – Schrägen gibt
– keine schmalen Schriftschnitte verwenden, da das zur Verklumpung führt
– größere Schriften verwenden, und zwar solche mit zwischen 11 und 14 pt
– vergrößerte Buchstabenabstände vorsehen, und zwar auf 5–10 Einheiten (v.a. bei Leseschriftgrößen)
– vergrößerte Zeilenabstände vorsehen, und zwar von 120% auf 150%
– auf kurze Zeilen achten, d.h. statt 35–50 tatsächlich höchstens 35 Zeichen pro Zeile vorsehen

---

26 Götz/Erben (Anm. 23), S. 29.
27 Vgl. Ziefle (Anm. 18), S. 59/60.
28 Das ist hat sehr wahrscheinlich mit den – kulturell erworbenen – Konnotationen von schwarzen Hintergründen für Texte zu tun: traurig (z.B. Bestattungsunternehmen), „trendy" (z.B. Werbeagentur), …
29 Böhringer/Bühler/Schlaich (2006), S. 153.
30 Vgl. Götz/Erben (1998), S. 68–99.

„Zusammenfassend lässt sich", so Böhringer/Bühler/Schlaich, „sagen, dass sich viele Schriften – zumindest in den Lesegrößen zwischen 8 und 12 Punkt – für die Bildschirmausgabe nicht eignen. Hierzu gehören Schriften mit filigranen Serifen und feinen Duktusunterschieden, kursive Schriften/Schriftschnitte ..., schmal laufende Schriften/Schriftschnitte und gebrochene Schriften."[31]

Weitere Einschränkungen, die sich in technologischen Zusammenhängen, in denen selbst leuchtende Displays verwendet werden, ergeben, umfassen v.a. die Tatsache, dass es dort üblicherweise keine Komposition auf die Doppelseite hin gibt; auch gibt es natürlich keine Optionen im Hinblick auf haptische oder andere physische Eigenschaften für einzelne Content-„Produkte" (sondern allenfalls für die Lese-Hardware als solche). Weiterhin gestaltet sich die Orientierung in den Inhalten auf solchen Displays schwierig, zumindest ist diese aber ungewohnt; dies bezieht sich v.a. auf die Aufgaben, intuitiv die aktuelle Position in einem Gesamttext bzw. in bestimmten Textabschnitten zu erfassen oder sich schnell einen ersten Überblick über einen Gesamtinhalt zu verschaffen. Für Letzteres sind Effekte durch die entsprechende Gewöhnung der nachwachsenden Generation sowie in gewissen Grenzen auch noch durch Weiterentwicklungen bei der Gestaltung der Nutzerschnittstellen der Lese-Hardware zu erwarten. Die erwähnte Komposition auf die Doppelseite hin erfordert lediglich die Lösung des simplen Zielkonfliktes, den ein entsprechend erforderliches größeres Display mit den Ansprüchen an Mobilität und Preis der Lese-Hardware eröffnet. Wahrscheinlich ohne Konsequenzen für die Gestaltung können der gegebene kleinere Betrachtungswinkel bei diesen Displays sowie die wegen Gewicht und Größe oft notwendigerweise unnatürliche Rezeptionskörperhaltung bleiben.

Wie bereits erwähnt, ergeben sich andererseits bei der Gestaltung für Displays auch neue Möglichkeiten, z.B. dadurch, dass bestimmte Einschränkungen, die als Parameter in die Gestaltungsrichtlinien für Papier eingegangen sind, nicht mehr zutreffen. So haben digitale Publikationsprodukte keine nennenswerten ökonomisch bedingten Umfangsbeschränkungen mehr – theoretische im Zusammenhang mit Speicherplatz und Übertragungsbandbreite können mittlerweile vernachlässigt werden. Außerdem gibt es keine ökonomisch bedingten Beschränkungen mehr im Hinblick auf Farbigkeit – zusätzliche Farben erfordern keinen zusätzlichen Druckdurchgang, sondern schlagen sich für die mittlerweile fast ausschließlich verbreitete farbfähige Lese-Hardware lediglich als andere Bitmuster nieder. Und natürlich gibt es, da es keine physischen Rückseiten mehr gibt, auch nicht mehr die Notwendigkeit, auf das Registerhalten zu achten ...

Viele der Empfehlungen zur Gestaltung von Texten für selbst leuchtende Displays laufen auf einen „luftigen Satz" hinaus – insbesondere gilt das für vergrößerte Buchstaben- und Zeilenabstände, kürzere Zeilen, mehr und kürzere Kapitel (diesen Aspekt hatte ich oben nicht ausgeführt), etc. Die weg fallenden Beschränkungen im Hinblick auf Ökonomie bedeuten zunächst einmal, dass diese Gestaltungsempfehlungen in Richtung „luftiger Satz" keine Zielkonflikte (mit der Ökonomie) hervorrufen – der Platz dafür ist sozusagen da, und zwar ohne zusätzlich Kosten. Weil nicht mehr Register gehalten wer-

---

31 Böhringer/Bühler/Schlaich (Anm. 20), S. 157.

den muss, ist es außerdem jetzt z.B. als zusätzliche Option auch möglich, Absätze durch Bruchteile einer Zeile zu kennzeichnen, wenn das sinnvoll erscheint. Außerdem wird es eine kostenfreie Option, Heraushebungen durch Farbe – statt z.B. durch andere Schriftschnitte – vorzunehmen.

Ein Blick über den Tellerrand hinaus: Die Gestaltung von Online-Zeitungen

Nun gibt es die Frage nach einer adäquaten Übertragung der Gestaltungsrichtlinien für Printprodukte auf Produkte für Displays natürlich nicht nur, bis jetzt nicht einmal in erster Linie, für den Fall des Buches. Seit Jahren haben z.B. zahlreiche Zeitungen begleitende Webauftritte, oft zumindest zum Teil mit den gleichen Texten wie die gedruckte Ausgabe. Was haben sich Gestalter zur Übertragung der Gestaltung im Bereich der Zeitungen von Print auf digital gedacht?

Als Beispiel möchte ich an dieser Stelle den Webauftritt der Wochenzeitung DIE ZEIT, ZEIT ONLINE, heranziehen: Natürlich wird bei ZEIT ONLINE eine Grotesk-Schrift statt der für Zeitungen ("Times") geradezu konstitutiven Antiqua verwendet (im gegebenen Fall jedoch nicht für Überschriften). Eine Schriftdarstellung hell auf dunkel – die andere grundlegende Empfehlung – wird bei ZEIT ONLINE dagegen nicht praktiziert. Als Grund wurde mir – leider auch auf Nachfrage ohne Angabe einer Quelle – genannt, dass „hell auf dunkel" die Augen schädige; auch wirke eine solche Darstellung irritierend und störe die Wiedererkennbarkeit zum Printprodukt[32].

Ebenfalls nicht in das digitale Medium übertragen wurde die sprichwörtliche „Großzügigkeit" des Printproduktes DIE ZEIT mit seinen dominierenden Weißräumen, wie sie der Zeitungsgestalter Mario Garcia 1998 der Zeitung verordnet hatte, sowie dessen (relativ kleine) Spaltenbreite. Als Gründe dafür wurden mir genannt, dass im ersten Fall der medienbedingt unterstellte Wunsch der Nutzer, auf den ersten Blick bzw. Click möglichst viel Information angeboten zu bekommen, sowie die Notwendigkeit, genau dort dann auch Raum für besonders stark beachtete und damit ertragsstarke Bannerwerbung zu haben, dazu geführt habe, dass die charakteristischen Weißräume des Printproduktes nicht in das neue Medium übernommen wurden. Im zweiten Fall – Spaltenbreite – sei der Grund für die Nichtübernahme der, dass die Spaltenbreite in der Online-Version auch in ihrer Hälfte noch „funktionieren" müsse, um im Satzspiegel vorzusehende Bilder, Kästen, etc. entsprechend unterbringen zu können. In beiden Fällen wurden also Ansprüchen der Ökonomie (Platz für Banner) und der Ergonomie (viel Information auf den ersten Blick, Bilder und Boxen direkt an der dazugehörigen Textstelle) gegenüber Ansprüchen des eigenen Bedeutungsbeitrages (z.B.: „ich bin eine Zeitung", „ich gehöre zu DER ZEIT") der Vorzug gegeben.

---

32 Das und das Folgende nach einem Telefongespräch am 27.5.2008 mit Amélie Putzar, Leitung Bildredaktion (Online), Grafik und Layout, ZEIT ONLINE.

Ja, aber: Einwände um Hypertext/Hypermedia, Individualisierbarkeit und „E-Paper"-Displays

Die im Vorigen dokumentierten Bemühungen, Gestaltungsrichtlinien für an selbst leuchtenden Displays zu lesende buchnahe Texte herauszuarbeiten, kann man von drei Richtungen her argumentierend für überflüssig halten. Ich werde die jeweiligen Argumente im Folgenden kurz darstellen und ihnen zu entgegnen versuchen.

Hypertext/Hypermedia

Man kann darauf hinweisen, dass Displays bzw. Medien, deren visuelle Ausgabe auf Displays erfolgt, doch auch völlig neue Möglichkeiten bieten, die – zumindest zusätzlich – einen ganz anderen Typ von Gestaltungsrichtlinien zur Folge haben müssten. Zu diesen neuen Möglichkeiten gehören v.a. die Möglichkeiten der (Volltext-)Suche sowie aktive Links (z.B. aus Inhaltsverzeichnis, Glossar, Register, etc., zu Fußnoten, anderen Stellen im Text, etc.), aber z.B. auch die mögliche Integration zeitbasierter Medien wie Videos oder Tonsequenzen.

Dazu ist zu sagen, dass diese Feststellung natürlich zutrifft, der Aspekt der mediengerechten Gestaltung von im vollen Sinne nicht-linearen hypertextuellen bzw. hypermedialen Inhalten (insbesondere über Aspekte der Schrift hinaus) hier jedoch nicht das Thema ist.

Individualisierbarkeit

Man kann auch fragen, warum wir uns über all das so ausführlich Gedanken machen, wo der Nutzer – ermöglicht durch on-the-fly-Rendering (siehe dazu Abbildungen 2 und 3) oder praktisch unbeschränkten Platz bzw. unbeschränkte Bandbreite für ggf. verschiedene gestalterische Versionen – Entscheidungen im Hinblick auf die Gestaltung doch eigentlich jedes Mal aufs Neue für sich selbst treffen kann.

Auch das ist richtig – und insbesondere in Bezug auf Anforderungen der Barrierefreiheit auch ein großer Fortschritt sowie im Hinblick auf eine nutzer- und rezeptionssituationsbezogene Anpassbarkeit als hoch zu priorisierende mögliche (neue) Zieldimension grundsätzlich positiv zu bewerten.

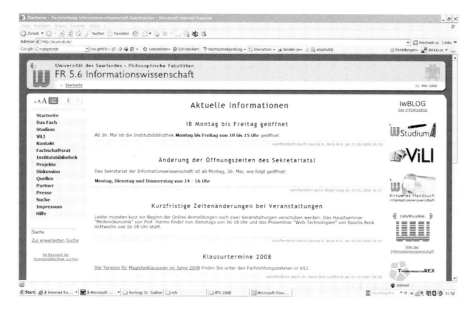

Abb. 2: Homepage der Fachrichtung Informationswissenschaft der Universität Saarbrücken (http://is.uni-sb.de).

Es ist jedoch darauf hinzuweisen, dass „Standardeinstellungen", insbesondere, wenn diese mit Bezug auf einen Nutzer mit durchschnittlichen Anforderungen begründet werden können (siehe oben), erfahrungsgemäß dankbar angenommen werden. Und nicht zuletzt können nur entsprechende Voreinstellungen den eigenen Bedeutungsbeitrag einer Gestaltungslösung, wie er von Autoren beabsichtigt sein könnte, bewahren.

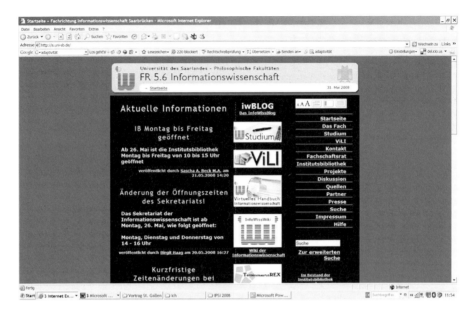

Abb. 3: Homepage der Fachrichtung Informationswissenschaft der Universität Saarbrücken (http://is.uni-sb.de), nach Ausführen der Aktionen „Schrift größer", „Farben invertieren", „Navigation rechts" und „Reduzierte Bildschirmbreite".

„E-Paper"-Displays

Schließlich kann man – und ich hatte das oben schon kurz angesprochen – darauf hinweisen, dass mit den jetzt für mobile Lesegeräte aufkommenden „E-Paper"-Displays viele Einschränkungen, auf die zu reagieren die Gestalter mit den Gestaltungsrichtlinien für Displays sich aufmachten, gar nicht mehr zutreffen – in aller erster Linie sind diese „E-Paper"-Displays nicht selbst leuchtend.

Auch das ist richtig – und deswegen erwarte ich auch, dass bei der Gestaltung für Lesegeräte mit „E-Paper"-Displays (des Typs Amazon Kindle oder Sony Reader Digital Book) die Gestaltungsrichtlinien für (gedruckte) Bücher mehr oder weniger uneingeschränkt Geltung haben werden; und zwar zu Recht[33] und nicht nur, weil die Content-Anbieter kostspielige Anpassungsarbeiten vermeiden wollen.

Die hier angestellten Überlegungen sind aber trotzdem nicht obsolet, da a) „Wissensarbeiter", also Personen, die in komplexen Arbeitszusammenhängen quasi-gleichzeitig lesen und schreiben, die also eine entsprechend günstige Schreib-Lese-Ergonomie (und eben nicht nur eine Lese-Ergonomie) brauchen, noch auf lange Sicht zum einen sehr große Displays und zum anderen optimierte Interaktionsmöglichkeiten (vor allem

---

[33] Ich muss hier unhinterfragt davon ausgehen, dass sich die Gestaltungsrichtlinien für Printprodukte nicht nur „zufällig" herausgebildet und tradiert haben, sondern sich tatsächlich weitgehend an den Anforderungen des menschlichen Wahrnehmungsapparates orientieren.

mit Maus und full-size-Tastatur) brauchen werden und b) in der sich entwickelnden „E-Paper"-Technologie Herausforderungen im Zusammenhang mit einem schnellem Bildwechsel (wie er z.B. zum Abspielen von Videos erforderlich ist) sowie der Darstellung von Halbtönen und Farben noch nicht gelöst sind.

Eine Demonstration

Um eine Vorstellung davon zu geben, wie ein Text im direkten Vergleich aussieht, wenn er einmal nach den akzeptierten Gestaltungsregeln für (gedruckte) Bücher layoutet ist und einmal nach den hier hergeleiteten und zusammen getragenen für selbst leuchtende Displays, habe ich das für den Anfang des Johannes-Evangeliums einmal parallel durchgeführt – das Paradox, das sich dadurch ergibt, dass für Sie als Leser beide Versionen in Print reproduziert werden, ist offensichtlich. Ich hoffe aber, dass es der Grundintention dieser Demonstration, die Grundideen zu veranschaulichen, keinen wesentlichen Abbruch tut.

> Im Anfang war das Wort, / und das Wort war bei Gott, / und das Wort war Gott. Im Anfang war es bei Gott. Alles ist durch das Wort geworden / und ohne das Wort wurde nichts, was geworden ist. In ihm war das Leben / und das Leben war das Licht der Menschen. Und das Licht leuchtet in der Finsternis / und die Finsternis hat es nicht erfasst. Es trat ein Mensch auf, der von Gott gesandt war; sein Name war Johannes. Er kam als Zeuge, um Zeugnis abzulegen für das Licht, damit alle durch ihn zum Glauben kommen. Er war nicht selbst das Licht, er sollte nur Zeugnis ablegen für das Licht. Das wahre Licht, das jeden Menschen erleuchtet, / kam in die Welt. Er war in der Welt / und die Welt ist durch ihn geworden, aber die Welt erkannte ihn nicht. Er kam in sein Eigentum, / aber die Seinen nahmen ihn nicht auf. Allen aber, die ihn aufnahmen, / gab er Macht, Kinder Gottes zu werden, / allen, die an seinen Namen glauben, die nicht aus dem Blut, / nicht aus dem Willen des Fleisches, / nicht aus dem Willen des Mannes, / sondern aus Gott geboren sind. Und das Wort ist Fleisch geworden / und hat unter uns gewohnt / und wir haben seine Herrlichkeit gesehen, / die Herrlichkeit des einzigen Sohnes vom Vater, / voll Gnade und Wahrheit. Johannes legte Zeugnis für ihn ab und rief: Dieser war es, über den ich gesagt habe: Er, der nach mir kommt, ist mir voraus, weil er vor mir war. Aus seiner Fülle haben wir alle empfangen, / Gnade über Gnade. Denn das Gesetz wurde durch Mose gegeben, die Gnade und die Wahrheit kamen durch Jesus Christus. Niemand hat Gott je gesehen. Der Einzige, der Gott ist und am Herzen des Vaters ruht, er hat Kunde gebracht.

Abb. 4: Gestaltung der ersten Sätze des Johannes-Evangeliums nach akzeptierten Gestaltungsregeln für (gedruckte) Bücher. ((Text-)Quelle: Das Evangelium nach Johannes, Kapitel 1, Der Prolog: 1,1–18 (Einheitsübersetzung))

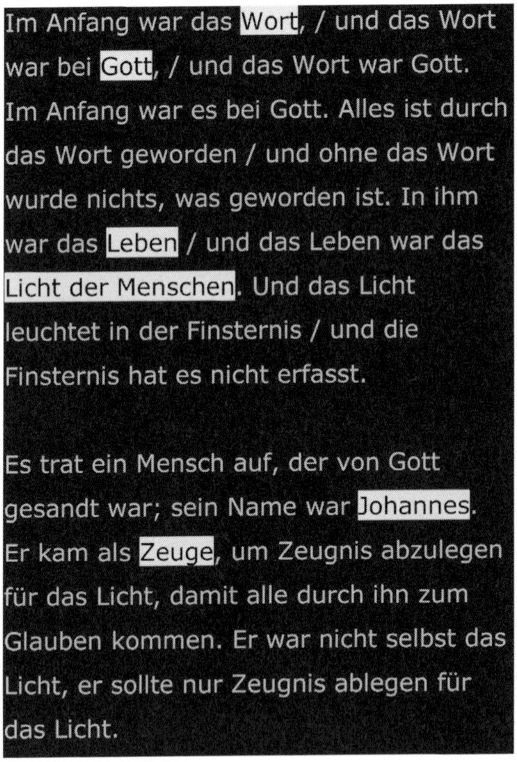

Im Anfang war das Wort, / und das Wort
war bei Gott, / und das Wort war Gott.
Im Anfang war es bei Gott. Alles ist durch
das Wort geworden / und ohne das Wort
wurde nichts, was geworden ist. In ihm
war das Leben / und das Leben war das
Licht der Menschen. Und das Licht
leuchtet in der Finsternis / und die
Finsternis hat es nicht erfasst.

Es trat ein Mensch auf, der von Gott
gesandt war; sein Name war Johannes.
Er kam als Zeuge, um Zeugnis abzulegen
für das Licht, damit alle durch ihn zum
Glauben kommen. Er war nicht selbst das
Licht, er sollte nur Zeugnis ablegen für
das Licht.

Abb. 5: Gestaltung der ersten Sätze des Johannes-Evangeliums nach den in diesem Artikel hergeleiteten und zusammen getragenen Gestaltungsrichtlinien für selbst leuchtende Displays. ((Text-)Quelle: s.o.)

Zusammenfassung und Schluss

Es lässt sich somit festhalten, dass das Gestalten mit Schrift ein individueller, komplexer Problemlösungsprozess mit Anforderungen aus Ergonomie, Ökonomie, Ästhetik und im Hinblick auf einen eigenen Bedeutungsbeitrag ist. Vor allem das Selbstleuchten von Displays macht gegenüber gedruckten Büchern geänderte Ansätze bei der Lösung des Gestaltungsproblems erforderlich. Diese Ansätze favorisieren im Unterschied zu den Verhältnissen bei gedruckten Büchern in allererster Linie Groteskschriften gegenüber Antiquaschriften und eine Negativdarstellung (hell auf dunkel) gegenüber einer Positivdarstellung der Schrift.

Der erwähnten „Grotesk-Empfehlung" folgt im Bereich des digitalen Publizierens mittlerweile so gut wie jeder Inhalte-Anbieter – man darf gespannt sein, ob sich an selbst leuchtenden Displays in Zukunft auch die allem Anschein nach ergonomisch überlegene Negativdarstellung von ihren kulturell bedingten Konnotationen lösen und stärker gegen die gewohnte Positivdarstellung durchsetzen kann.

„Lieder, Balladen, Romanzen harmonisch verbunden mit der bildenden Kunst durch Illustrationen": Lyrikvermittlung in illustrierten Anthologien und Prachtausgaben der Gründerzeit

Günter Häntzschel

Illustrierte Anthologien und Prachtwerke bilden eine verbreitete und typische Erscheinung des gründerzeitlichen Buchmarkts. Im Gegensatz zu ihrem Entstehen am Ende des 18. Jahrhunderts, als sich die zunächst nur klassischen Werken vorbehaltenen Prachtausgaben durch ausgewählte Papiersorten und Schrifttypen sowie Beigaben von Kupferstichen von den üblichen Ausgaben unterschieden und für eine literarisch gebildete Elite konzipiert waren, setzt in den siebziger und achtziger Jahren des 19. Jahrhunderts eine massenhafte Produktion von Prachtwerken ein.

Die große Menge solcher Werke und das wachsende Interesse an ihnen erklären sich durch den zu dieser Zeit allgemein angestiegenen Wohlstand und das daraus resultierende Repräsentationsbedürfnis. Die gewichtigen dekorativen Alben und Prachtwerke im Quart- oder Folioformat sind nicht zur intensiven Lektüre, sondern zum Durchblättern oder Anschauen in Mußestunden bestimmt. Sie sind Prestigeobjekte, Schau- und Schmuckgegenstände für den gründerzeitlichen Salon, das Empfangs- und Gesellschaftszimmer, den öffentlichen Raum des Hauses, wo sie neben Statuen, Büsten, Bildern, Kupferwerken und „altdeutscher" Möblierung den Besuchern einen Eindruck von Standesbewusstsein, Besitz und Bildung vermitteln sollen. Somit bilden sie „konstitutive Bestandteile von Einrichtungs-Gesamtkunstwerken"[1]. Dem entspricht, dass die in derartigen Ausgaben enthaltenen Texte aus klassischer Dichtung und Gründerzeitliteratur häufig vor der äußeren Prachtentfaltung und der reichhaltigen Illustrierung in den Hintergrund treten. Einen großen Teil solcher repräsentativen Prachtausgaben wie auch kleinformatigen Ausgaben machen Lyrikanthologien aus. In erster Linie für Mädchen und Frauen bestimmt, werden sie vom Buchhandel als Geschenk- und Weihnachtsliteratur vertrieben und erfreuen sich trotz gleichzeitiger Kritik an solcher Veräußerlichung der Buchkultur allgemeiner Beliebtheit.

Diese Modeerscheinung verdankt ihr Entstehen verschiedenen zeitbedingten Ursachen. Einmal konnten sich seit 1867 mit dem Freiwerden der Urheber- und Verlagsrechte für alle Werke, deren Autoren vor 1837 verstorben waren, nun alle Verlage an dem lohnenden Geschäft beteiligen und mit eigenen Ausgaben das Repräsentationsbedürfnis des gründerzeitlichen Publikums befriedigen.[2] Zum andern durften Anthologie-Verleger bis 1901 Gedichte und andere Beiträge kostenlos nachdrucken; die Autoren waren in diesem Fall

---

1 Mazzoni, Diana: Prachtausgaben. Literaturdenkmale in Quart und Folio (Marbacher Magazin 58). Marbach: Deutsche Schillergesellschaft, 1991, S. 58.
2 Ebd. S. 16.

ungeschützt.[3] Und drittens führte das zeittypische Verlangen nach Visualisierung dazu, die neuen Errungenschaften der Illustrations- und Reproduktionstechnik für die Buchkultur einzusetzen. Insbesondere veränderte die neue Holzstichtechnik[4] den Charakter der illustrierten Bücher. Die bis Mitte des 19. Jahrhunderts für die bis dahin bescheidenere Buchillustration üblichen Lithographien und Stahlstiche konnten nur unter Schwierigkeiten zugleich mit dem gesetzten Text gedruckt werden. Sie erforderten zwei getrennte Druckvorgänge auf zwei verschiedenen Maschinen, oft sogar in zwei Druckereien, und machten eine aufwendige buchbinderische Verarbeitung unerlässlich, da die Illustrationen häufig nachträglich eingeklebt oder eingebunden werden müssten und meist zusätzlich schützende Seidenpapierblätter erhielten. Aufgrund dieser technischen Bedingungen blieben Illustrationen innerhalb der Texte selten. Die Illustrationstechnik des Holzstichs ermöglichte demgegenüber ein schnelleres Druckverfahren von Text und Illustrationen in einem Arbeitsgang, höhere Auflagen als beim Holzschnitt mit seinem weichen Material und geringere Herstellungskosten. Als weitere technische Verbesserung kam die 1838 erfundene Galvanoplastik hinzu, mittels derer von einem Holzstich beliebig viele Klischees angefertigt werden konnten. Seit 1857 entwickelte sich zusätzlich ein Verfahren, den Entwurf des Illustrators photographisch auf die lichtempfindlich gemachte Oberfläche von Holz- und Metallplatten zu übertragen. Photochemigraphie, Autotypie, Lichtdruck und Photogravuren ersetzten und ergänzten die Holzstichtechnik, indem sie originalgetreue Reproduktionen von Photographien oder Gemälden ermöglichten, die als Bildtafeln den Prachtwerken eingebunden wurden, während man ihre Textseiten oft zusätzlich mit Vignetten, Initialen und Illustrationen im Holzstichverfahren ausschmückte. In ein und demselben Band sind also häufig ganz unterschiedliche Reproduktionstechniken und unterschiedliche Stile zusammengezwungen, die gemeinsam mit den üppig verzierten Einbänden und der Goldschnittprägung den Text mehr und mehr marginal werden lassen.

Wie stark das Ansehen der Texte und ihrer Autoren im Medium der illustrierten Ausgaben abnahm, ist unter anderem daran zu erkennen, dass Buchschmuck und Buchgestaltung teilweise mit den neuen Entwicklungen der angewandten Kunst von der Gründerzeit bis zum Jugendstil Schritt halten, während der gründerzeitliche Bestand der lyrischen Gedichte unverändert bleibt. Bisweilen wurden dichterische Texte fast zu bloßen Bildunterschriften degradiert. Als logische Folge müssten ihre Verfasser immer unwichtiger werden: In dem anonym herausgegebenen Prachtwerk *Deutsches Leben in Liedern*[5] sind zum Beispiel die Gedichte und Bruchstücke von Gedichten ohne Angabe der Autoren veröffentlicht, die nicht einmal in einem Namenregister aufgenommen sind.

---

3   Martens, Wolfgang: Lyrik kommerziell. Das Kartell lyrischer Autoren 1902–1933. München: Fink, 1975.

4   Vgl. Hanebutt-Benz, Eva-Maria: Studien zum Deutschen Holzstich im 19. Jahrhundert. In: Archiv für die Geschichte des Buchwesens 24 (1983), Sp. 581–1266; Gerhardt, Claus W.: Die Wirkungen drucktechnischer Neuerungen auf die Buchgestaltung im 19. Jahrhundert. In: Raabe, Paul (Hrsg.): Buchgestaltung in Deutschland 1740–1890. Vorträge des dritten Jahrestreffens des Wolfenbütteler Arbeitskreises für Geschichte des Buchwesens 1978. Hamburg: Hauswedell, 1980, S. 146–180.

5   Deutsches Leben in Liedern. Bremen: Müller 1865. 2. Auflage 1868.

Ein Hauptmerkmal der gründerzeitlichen populären Anthologien mit ihren präten-
tiösen Einbänden und ihren mit Ornamenten, Figuren, Vignetten und Zierleisten ge-
schmückten Titeln in Goldschnitt bildet deren dekorative Ausstattung und Illustrierung
im Buchinneren. Dort setzt sich der äußere Schmuck der Bände in reichhaltigen Illustrationen fort.

Es ist zu fragen, ob die aufwendige Buchgestaltung das Verständnis der Texte fördert
oder es im Gegenteil beeinträchtigt. Zeitgenössischer Ansicht zufolge verstärkt die Illustrierung die gewünschte Rezeption und ermöglicht eigentlich erst, lyrische Gedichte
intensiv zu lesen. Bildende Kunst und Dichterwort scheinen in den Alben als „Schwe-
stern" vereint. Albert Trägers Anthologie trägt den programmatischen Titel *Lieder, Balladen, Romanzen harmonisch verbunden mit der bildenden Kunst durch Illustrationen*. Der
Herausgeber hebt im Prolog hervor:

> Und was des Malers Träume kühn erfanden,
> Der Dichter erst gab ihm den rechten Namen;
> O schöner Bund, wenn sie vereinigt strahlen:
> Ihr sucht im Worte schon des Bildes Spur,
> Und wollt im Bild des Wortes Zauber lauschen,
> Getäuscht auch oft, wenn sie den Griffel tauschen,
> Die Maler dichten, und die Dichter malen, -
> Zwei Schöpfer und doch eine Schöpfung nur.[6]

In einer anderen Anthologie sucht derselbe Herausgeber die Kombination von Text und
Bild theoretisch zu rechtfertigen:

> Der Dichter kann und darf bei vielen Gedichten bei weitem nicht alles das schil-
> dern, was im weitern Sinne unmittelbar oder symbolisch zum Gedichte gehören
> mag. Poetische Regeln oder Schranken hindern ihn; die Strömung des freien Ge-
> dankens, der Flug der Phantasie möchten an geistigem Leben wesentlich einbü-
> ßen, wenn der Dichter in alle die Details eingehen wollte, welche mehr oder
> minder erst vom Leser, je nach dem Grade seines Verständnisses oder seiner
> Phantasie, stillschweigend dazu gedacht oder ausgemalt werden können. Dafür
> tritt die bildende Kunst ein! Sie übernimmt es nicht allein das in Worten Ausge-
> drückte zu veranschaulichen, sondern auch das Angedeutete oder Verschwiegene
> zu ergänzen, sie trachtet danach das Ganze wie das Einzelne, treu der poetischen
> Wahrheit, belebend fortzuführen, so dass jeder geläuterte Geschmack in einem
> Blicke den ganzen Ideenkreis und Gedankenreichthum des Dichters erkennt
> oder empfindet.[7]

---

6   Träger, Albert (Hrsg.): Lieder, Balladen, Romanzen, harmonisch verbunden mit der bildenden
    Kunst durch Illustrationen von Paul Thumann. J. Füllhaas u. A. Leipzig: Amelang, 1871. 2. Auf-
    lage 1873.
7   Träger, Albert (Hrsg.): Deutsche Lieder in Volkes Herz und Mund. Mit Illustrationen von Gustav
    Süs, Paul Thumann u. A. Leipzig. Amelang 1864, S. Vf.

Doch nur auf den ersten Blick leuchtet seine Argumentation ein. Ich möchte an Beispielen zeigen, dass Illustrationen in ihrer gründerzeitlichen Verbindung mit Texten entgegen der Annahme ihrer Verteidiger gerade die texteigene Polyperspektive verdecken und die Wahrnehmungsmöglichkeiten der Rezipienten einengen.

Abb. 1   **Abb. 2**

In dem von Friedrich Bodenstedt herausgegebenen *Album deutscher Kunst und Dichtung*[8] (Abb. 1) ist Goethes Gedicht „Über allen Gipfeln ist Ruh'" zur bloßen Unterschrift einer nächtlichen, vom Mond beschienenen Waldlandschaft degradiert. Seit ihrer Veröffentlichung bis zur Gegenwart werden Goethes Zeilen als Erlebnisgedicht, Gedankenlyrik, Volkslied, Liebeslied, Abendlied, als Totengedicht, als Paradigma für Lyrik schlechthin, als Naturgedicht im Sinne einer poetischen Widerspiegelung naturwissenschaftlicher Systematik erkannt.[9] Die hier gebotene Präsentation macht dagegen ein derartig umfassendes Verständnis unmöglich. Der Betrachter wird zwangsläufig zuerst von der dominierenden, beinahe die ganze Seite einnehmenden umrandeten Abbildung in Anspruch genommen und kann, sofern er sich nicht gleich mit dem Anschauen des Bildes begnügt,

---

8   Bodenstedt, Friedrich (Hrsg.): Album deutscher Kunst und Dichtung. 8. Auflage. Berlin: Grote, 1892, S. 21.

9   Vgl. Segebrecht, Wulf: Johann Wolfgang Goethes Gedicht „Über allen Wipfeln ist Ruh" und seine Folgen. Zum Gebrauchswert klassischer Lyrik. Texte, Materialien, Kommentar. München: Hanser, 1978.

erst in zweiter Linie den Text wahrnehmen. Doch wird er in der Lage sein, dessen Ideen-
reichtum zu erkennen? Wohl kaum, denn unter dem Eindruck des Bildes treten vorder-
gründig die Momente hervor, die Bild und Text zufällig gemeinsam haben: in diesem Fall
nicht viel mehr als eine idyllische Waldszene, welche ebenso wenig Gegenstand des Textes
ist wie die Illustration zu ihrem Verständnis des Textes bedarf. Ebenso zerstört die will-
kürliche zweispaltige Anordnung die originale Stringenz von textlicher Realisation und
Idee des Gedichts. Nur in seiner ursprünglichen Einstrophigkeit stellt es die verschiedenen Stadien der Ruhe vor, denen jeweils verschiedene Bereiche der „Natur" zugeordnet
werden. „Die Bewegung verläuft von ‚oben' nach ‚unten', vom Himmel abwärts über die
steinige Gebirgslandschaft zur Pflanzenwelt der Baumwipfel, von dort zur Tierwelt, die
die Vögel repräsentieren, bis hin zum Menschen."[10] Die geistige Substanz ist in dem hier
vor allem Mädchen und Frauen gebotenen Kontext nicht mehr erfahrbar, so dass die Leserinnen allenfalls Derivate der originalen Schöpfung wahrnehmen können.

Ein weiteres Beispiel liefert Eichendorffs Gedicht „Mondnacht", das schon seit seiner ersten Veröffentlichung im Jahre 1837 von zeitgenössischen Kennern als vielschich-
tiger, gedankenreicher und hintergründiger Text erkannt wurde, der nur scheinbar an
seiner Oberfläche so einfach wirkt. Subtile Interpretationen haben nachgewiesen, wie
Eichendorff „den archaisch-antiken Trennungsmythos von Himmel und Erde, der in
den romantischen Mythologemen des verlorenen Paradieses, des Geschlechterkampfes
und des Elementkrieges widergespiegelt ist, unter Bezug auf die eigene poetische Herkunft aus der romantischen Bewegung und ihrem Postulat einer ‚neuen Mythologie'
aufgehoben und in eine christliche Bildlichkeit übersetzt hat."[11]

Im *Album deutscher Lyrik*[12] (Abb. 2) wird das komplizierte Gedicht dagegen durch
den beigefügten Holzstich auf eine triviale nächtliche Naturidylle reduziert: lediglich zur
zweiten Strophe lassen sich einige äußerliche Übereinstimmungen herstellen. Sie verlei-
ten die Rezipienten dazu, die Mittelstrophe als Kernstück des Gedichts zu verstehen
oder sie isoliert zu lesen. Ihr Stellenwert im komplexen Sinngefüge des Ganzen kann dagegen kaum noch ausgemacht werden. Zusätzlich verhindert die typographische Gestaltung eine ernsthafte Lektüre. Die Illustration nimmt die Mitte der Buchseite ein und
schließt in dieser Position Eichendorffs Text mit der letzten Strophe eines rührseligen
Abendgedichts von Adolf Strodtmann zusammen, auf die die Abbildung ebenso ‚gut'
passt'. Die rote Rahmenleiste verstärkt den vermeintlichen Zusammenhang beider di-
vergenter Texte und lässt deren Unterschiedlichkeit nicht erkennen.

---

10 A.a.O., S. 165.
11 Frühwald, Wolfgang: Die Erneuerung des Mythos. Zu Eichendorffs Gedicht „Mondnacht". In:
   Gedichte und Interpretationen. Bd. 3: Klassik und Romantik. Hrsg. von Wulf Segebrecht, (Universal-Bibliothek 7892). Stuttgart: Reclam, 1984, S. 392–407, hier S. 400f.
12 Album deutscher Lyrik. Lieder und Romanzen. 9. Auflage. Leipzig: Amelang, 1878. S. 73.

Abb. 3   **Abb. 4**

Gibt die eben erwähnte Illustration wenigstens einen, wenn auch nur nebensächlichen Teilaspekt von Eichendorffs „Mondnacht" wieder, so erschöpft sich eine andere Abbildung in der Korrespondenz zum Titel „Mondnacht"[13] (Abb. 3). Die trivialisierende, literaturfremde Darbietungsart zeigt sich außerdem in der Art der Präsentation: als Bildunterschrift passten nur zwei Strophen, so lässt man ohne weiteres die dritte auf der nächsten Seite im Zusammenhang mit anderen Gedichten folgen. Allerdings wird die durch die nächtliche Landschaft „eingestimmte" Leserin sie auch kaum vermisst haben. Das in der populären Druckgraphik der Gründerzeit beliebte Motiv des äsenden Rehs[14] ist offensichtlich als Klischee eines Holzstichs vom Verlag aufgekauft und dem Gedicht willkürlich beigeordnet worden, ein übliches Verfahren besonders bei den billigen, schnell hergestellten und in Massenauflage vertriebenen Anthologien. Bestätigt wird diese Vermutung durch die Tatsache, dass in einer ähnlichen Anthologie desselben Verlags die dort bei Eichendorffs „Mondnacht" stehende Illustration hier Lenaus „Schilfslied" beigegeben ist[15] (Abb. 4), von dem nur ein Bruchteil des Zyklus zitiert wird. Solche Beliebigkeit ist ein Spezifikum der Lyrikauswahlen. Ein letztes Beispiel: in der Antholo-

---

13 Zettel, Karl (Hrsg.): Frühlingsgrüße. Lieder von Lenz und Liebe, Freud' und Leid. Mit Titelbild in Farbendruck. 3. Auflage. Stuttgart. Greiner & Pfeiffer, 1886, S. 33.

14 Vgl. Brückner, Wolfgang: Populäre Druckgraphik Europas. Deutschland vom 15. bis zum 20. Jahrhundert. 2. Auflage. München: Callwey, 1975.

15 Klemmert, Hugo (Hrsg.): Duftige Blüten. Eine poetische Festgabe für junge Mädchen. Stuttgart: Greiner & Pfeiffer, 1887, S. 59.

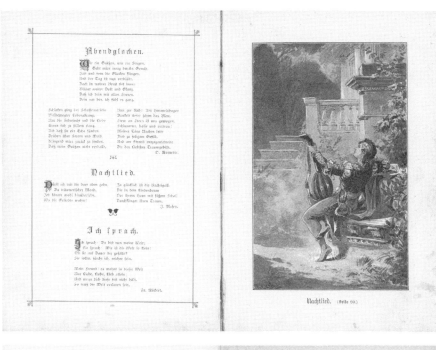

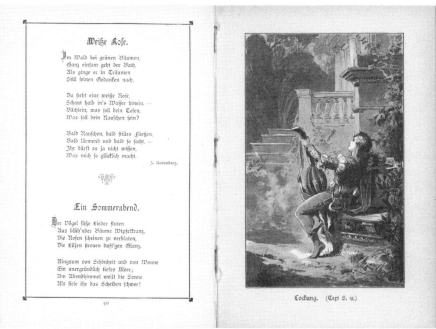

Abb. 5 und 6

gie *Aus junger Tage Freud und Leid*[16] (Abb. 5) begleitet das Bild eines nächtlichen Man-
dolinenspielers Julius Mosens „Nachtlied", in den „Bunten Blättern"[17] (Abb. 6) Eichendorffs „Lockung".

Texte ganz unterschiedlicher Qualität werden also bei ihrer Illustrierung gleichwertig
behandelt. Die auf Anthologie-, Geschenk- und Prachtliteratur spezialisierten Verlage
kombinieren Texte und Bilder willkürlich, um jeweils dem letzten Produkt, das meist
nur ein Aufguss der vorigen ist, den Schein der Neuheit zu verleihen. Teils werden die
Gedichte, teils die Illustrationen ausgetauscht; bald präsentiert man Gedichte mit, bald
ohne Illustrationen.

   Einer der in der Gründerzeit am meisten illustrierten Autoren ist Heinrich Heine.
Als seine Werke 1886, nach Ablauf der dreißigjährigen Schutzfrist, frei wurden, kamen
bis zur Jahrhundertwende nicht weniger als dreizehn illustrierte, zum Teil großformatige
Prachtausgaben auf den Markt. Für den Geschmack der Gründerzeit ist es bezeichnend,
dass sowohl seine politischen Zeitgedichte wie die kritischen und pessimistischen, von
seiner Krankheit gezeichneten Texte des *Romanzero* so gut wie vergessen waren, während
sich das *Buch der Lieder* allgemeiner Beliebtheit erfreute, weil das parodistische, iro-
nisch-irritierende Moment nicht verstanden und die Sammlung eher naiv-sentimental
rezipiert wurde.

   Die Beigabe von Illustrationen hat solche Lesart entscheidend gefördert. Schon die
äußere Buchausstattung stimmt die Leser entsprechend ein. Der von Philipp Grot Johann mit zehn Einzelblättern in Kupferdruck und 74 Textillustrationen versehene
Prachtband des *Buchs der Lieder* im Quartformat[18] (Abb. 7) bildet zum Beispiel auf dem
Außentitel eine dem zeitlichen Verständnis entsprechende Lesesituation ab: Auf dem roten Kaliko-Einband ist in einem dunkelblauen Oval ein Liebespaar im Kostüm der Zeit
wiedergegeben, das auf einer von Gebüsch umgebenen Steinbank sitzend gemeinsam in
einem Buch liest. Der junge Mann hält es aufgeschlagen in seiner Hand, und offensichtlich stellt es das *Buch der Lieder* selbst dar. Als engelhafte mythologische Gestalt sitzt die
personifizierte Poesie in dem goldenen Initial B (des Titels *Buch der Lieder*), das zur Lyra
stilisiert ist, und blickt auf das lesende Paar hinab. Zusätzlich ist am oberen Rand der
Name „Heinr Heine" symmetrisch im Halbkreis um eine weitere Lyra in Golddruck angeordnet. Ornamente mannigfaltiger Art, besonders üppig am linken Rand, umgeben
das Ensemble. Die Dekoration evoziert in ihrem Zusammenspiel ihrer Elemente eine
sakral-erotische Aura.

---

16 Friedrich, Georg (Hrsg.): Aus junger Tage Freud und Leid. Eine Sammlung aus der Lyrik neuester
    Zeit. 3. Auflage. Mit 11 Vollbildern nach Originalen von R. E. Kepler und Hermann Vogler. Stutt-
    gart: Hänselmann, 1888, 80f.
17 Friedrich, Georg (Hrsg.): Bunte Blätter. Eine Sammlung aus der Lyrik der neuesten Zeit. Mit 10
    Vollbildern nach Originalen von R. E. Kepler. 2. Auflage. Stuttgart: Hänselmann, 1888, S. 40 und
    eingefügte Abbildung.
18 Heine, Heinrich: Buch der Lieder. Mit Illustrationen von P. Grot Johann. 2. Verbesserte Auflage.
    Berlin: Grote, 1894.

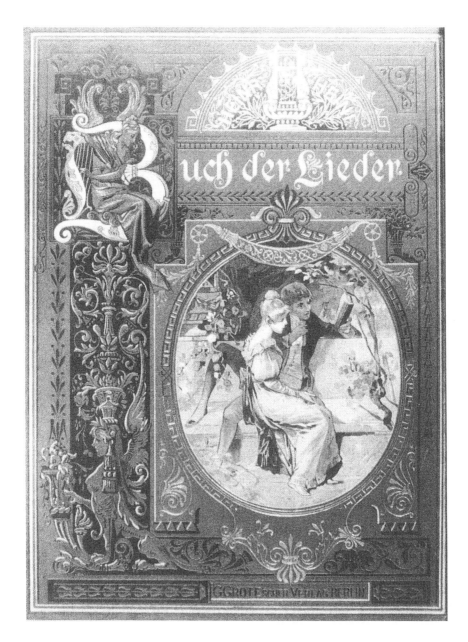

Abb. 7

Einer der am häufigsten illustrierten Texte Heines ist sein bekanntes Gedicht von Fichtenbaum und Palme:

> Ein Fichtenbaum steht einsam
> Im Norden auf kahler Höh.
> Ihn schläfert; mit weißer Decke
> Umhüllen ihn Eis und Schnee.
>
> Er träumt von einer Palme,
> Die, fern im Morgenland,
> Einsam und schweigend trauert
> Auf brennender Felsenwand.

Unerfüllte Liebe und Sehnsucht, die Hauptthemen des *Buchs der Lieder*, sind in diesem kleinen zweistrophigen Gedicht konzentriert durch Antithesen vergegenwärtigt, welche die Unerreichbarkeit der beiden Partner zum Ausdruck bringen. Dem „Fichtenbaum" in der ersten Strophe steht die „Palme" in der zweiten gegenüber. Ihren gegensätzlichen Standorten, „im Norden" – „fern im Morgenland", entsprechen die ebenso gegensätzlichen klimatischen Gegebenheiten, „Eis und Schnee" – „Auf brennender Felsenwand", in jeweils identischer Position innerhalb beider Strophen. Die adverbialen Ortsbestimmungen evozieren die unter entgegengesetzten Bedingungen herrschende Einsamkeit, zusätzlich unterstrichen durch das beiden gemeinsame Wort „einsam", jedesmal bewusst exponiert am Ende - mit Enjambement – und am Beginn einer Zeile. Die anthropomorphisierenden Verben „schläfert", „träumt" und „trauert" deuten die Bäume als Symbole menschlicher Partner, eines männlichen – daher „Fichtenbaum" statt „Fichte" – und eines weiblichen. Beide Bilder evozieren Unvereinbarkeit und nicht aufhebbare Trennung als Naturgesetz. Krass herausgestellte Antithese, parallele Anordnung und deutliche Bildhaftigkeit bringen die Idee der Trennung so stark zum Ausdruck, dass der Text für sich selber spricht.

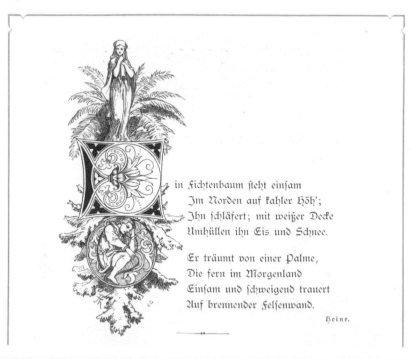

in Fichtenbaum steht einsam
Im Norden auf kahler Höh';
Ihn schläfert; mit weißer Decke
Umhüllen ihn Eis und Schnee.

Er träumt von einer Palme,
Die fern im Morgenland
Einsam und schweigend trauert
Auf brennender Felsenwand.

Heine.

Ein Fichtenbaum steht einsam
Im Norden auf kahler Höh'.
Ihn schläfert; mit weißer Decke
Umhüllen ihn Eis und Schnee.

Er träumt von einer Palme,
Die fern im Morgenland
Einsam und schweigend trauert
Auf brennender Felsenwand.

Abb. 8 und 9

Mehrere der Illustrationen haben dementsprechend lediglich dekorative Funktion, beeinträchtigen jedoch die klare Textaussage durch zusätzliche Elemente. So kehrt ein Beispiel[19] (Abb. 8) die textliche Anordnung Fichtenbaum – Palme ohne erkennbaren Sinn in Palme – Fichtenbaum um; beiden Bildern ist eine weibliche beziehungsweise männliche Figur aufgesetzt; in ihrer Mitte wirkt ein hinzu gefügtes Element der Textaussage konträr entgegen. Betont der Text die Trennung beider Partner, so hebt die ornamentale Illustration gerade deren Verbindung in der gemeinsamen Mitte hervor. Statt der mit Antithese und zwei Strophen erzielten Zweiteiligkeit entsteht hier also eine der Idee des Textes widersprechende Dreiteiligkeit. Mittelstück, weibliche und männliche Figur scheinen Klischees aus zeitüblichen Ornamentsammlungen als Vorlagen für Kunstgewerbearbeiten zu sein, die mehr oder weniger willkürlich aneinandergereiht sind.

Dieselbe Tendenz der Verbindung des Getrennten zeigt eine Illustration von Paul Thumann[20] (Abb. 9). Wiederum wird die originale Polarität von Mann und Frau abgeschwächt, indem ihre Attribute, hier als Zweige dargestellt und symmetrisch angeordnet, mit ihren Früchten zusammentreffen. Die textfremde Darstellung der jeweiligen Früchte in der Mitte ist ein Symptom für die auch bei anderen Illustrationen Thumanns zu beobachtende Absicht, das Unversöhnliche in Heines Texten abzumildern. Der Illustrator liefert eine den Autor korrigierende Interpretation.

Abb. 10

19 Album Deutscher Lyrik. Lieder und Romanzen. Mit Illustrationen von Paul Thumann, W. Georgy, J. Füllhaas. 9. Auflage. Leipzig: Amelang, 1878, S. 58.
20 Heine, Heinrich: Buch der Lieder. Mit zwölf Lichtdruckbildern und hundert Textillustrationen nach Originalzeichnungen von Paul Thumann. Leipzig: A. Titze, 1883, S. 71.

In eben dieser Weise sucht Arpad Schmidthammer[21] (Abb. 10) die Textaussage zu verändern, wenn er die Bilder des Fichtenbaums und der Palme mit ornamentalen Linien verbindet und Heines dichtes Textgefüge zerstört, indem er die Partner zu beiden Seiten der Palme sitzen lässt. Denn auf diese Weise ist nun allein der Fichtenbaum „einsam", während männliche und weibliche Gestalt durch aus den Palmzweigen herauswachsenden Linien und durch die Strahlen der hinter dem Palmenstamm scheinenden Sonne in einem herzformartigen Ornament vereint sind.

Noch weiter entfernt sich die Illustration im *Album für Deutschlands Töchter*[22] (Abb. 11) von Heines Version. Der in den Text eingeführte Holzstich negiert den Inhalt der ersten Strophe gänzlich und bietet lediglich eine Assoziation an die zweite. Dabei sind die entscheidenden Elemente durch fremde ersetzt. Statt *einer* Palme sehen die Betrachter *zwei* von ihnen, und nicht etwa „auf brennender Felsenwand", sondern am Ufer eines Gewässers gegenüber einem moscheeartigen Gebäude. Dass gleichzeitig das Gedicht hier entgegen Heines Text den Titel „Ein Fichtenbaum" erhält, wirkt bei der Dominanz des Palmenbilds doppelt irreführend. Ein Bezug zwischen Text und Bild ist kaum noch auszumachen. Die disparate Zusammenstellung lässt sich wohl nur aus dem in diesem Album und anderen Produkten des Amelang-Verlags üblichen Verfahren erklären, ehemals zu anderen Zwecken verwendete Klischees unüberlegt weiter zu benutzen, ein Merkmal der auch sonst nicht seltenen fabrikmäßigen Herstellung von Anthologien.

Ein Fichtenbaum —

Ein Fichtenbaum steht einsam
Im Norden auf kahler Höh'.
Ihn schläfert; mit weißer Decke
Umhüllen ihn Eis und Schnee.

Er träumt von einer Palme,
Die, fern im Morgenland,
Einsam und schweigend trauert
Auf brennender Felsenwand.

Heine.

Abb. 11

---

21 Heine, Heinrich. Buch der Lieder. Illustriert von Carl Bauer, Richard Gutschmidt, Carl Hans Pless und A. Schmidthammer. Stuttgart: Greiner & Pfeiffer, 1898, S. 91.
22 Album für Deutschlands Töchter. 5. Auflage. Leipzig: Amelang, 1863, S. 98.

Abb. 12

Nur den Anlass zu einer ganz eigenständigen Illustration, die den Text willkürlich aus-
deutet, bietet Heines Gedicht für Philipp Grot Johann in einer Prachtausgabe des *Buchs
der Lieder*[23] (Abb. 12). Vermutlich hat das schon reichlich vorhandene Sortiment von
Illustrationen zu Heines Gedichten Grot Johann veranlasst, ganz frei mit seiner Vorlage
umzugehen. Er verzichtet auf die Zitation des „Fichtenbaums" und konzentriert sich auf
das Motiv der Einsamkeit. Einsam steht ein Bildhauer in seinem Atelier, hält beim Aus-
meißeln weiblicher Skulpturen inne und sehnt sich, offenbar von ihnen animiert, nach
einer lebendigen weiblichen Gestalt, die in einladender Pose an einer Meeresküste lagert.
Ob diese halb von einem Vorhang verdeckte Szenerie eine Traumvision oder ein Wand-
bild ist, lässt sich nicht mit Sicherheit ausmachen. Verbunden ist die sommerliche Landschaft mit dem Atelier durch den Dampf eines Teekessels auf dem Ofen, welcher wiederum wie das geschlossene Dachfenster an die winterliche Welt erinnert, in der der
Künstler arbeitet. Die Palme, bei Heine Symbol der südlichen Frau, ist hier zur Zimmer-
palme geworden, wie ja auch die weibliche Gestalt selber im Zimmer sich aufzuhalten
scheint. Der Illustrator spielt also mit Teilen des Texts, sucht neue Kompositionen und
erprobt eigene Bedeutungen, wobei er sich weit von Heine entfernt.

---

23 Heine, Heinrich: Buch der Lieder. Mit Illustrationen von P. Grot Johann. 2. Auflage. Berlin: Grote, 1894, S. 52.

Das Grundkonzept der Anthologien, zumal derjenigen für Mädchen und Frauen, erweist sich als widersprüchlich, wenn es einerseits darauf angelegt ist, die Leserinnen in den Vorworten zu einer distanzlosen, identifizierenden und intensiven Lektüre anzuhalten, andererseits aber gerade durch die Zusammenstellung der Texte mit Illustrationen eine intensive Rezeption verhindert. Die poetische Aura der Texte, ihre symbolischen Tiefendimensionen, ihr Anspielungsreichtum, das Oszillierende, ihre ironische Komponenten bleiben den bevormundeten Leserinnen verschlossen, weil die Illustrationen die Leerstellen der Texte auffüllen, die eigentlich der Ergänzung durch die Rezipienten bedürften. Dass trotz dieser Widersprüchlichkeit, die von kritischen Rezensenten durchaus moniert wurde, so viele triviale illustrierte Anthologien erschienen, erklärt sich aus den Usanzen des Buchhandels. Aus dem 18. Jahrhundert bis in die späte Biedermeierzeit belegen Zeugnisse , dass sich die Künstler in Dichtungen, die sie zu illustrieren gedachten, vertieften und den Intentionen des Autors nachspürten, bevor sie an die Ausgestaltung gingen. In der zweiten Hälfte des 19. Jahrhundert dagegen ruft mit der Expansion des literarischen Markts der große Bedarf an Abbildungen einen großen Bedarf an Illustratoren hervor, von denen viele ohne intime literarische Bildung und erforderliche Sensibilität Illustrationen im Auftrag und auf Bestellung der Verlage anfertigten oder eigene „Institute für Stahl-, Kupfer- und Holzsticharbeiten"[24] gründeten, bei denen die Verleger das gewünschte Material bestellen konnten. Schließlich lockerten sich auch diese Verbindungen, und es wurde üblich, dass Verleger, zumal für preiswerte illustrierte Bücher, Klischees aufkauften, die ursprünglich für andere Verwendung hergestellt waren. Insofern ist die gründerzeitspezifische Kombination von Bild und Gedicht nicht nur ästhetisch fragwürdig – der autonome Text bedarf keiner illustrierten Zugabe –, sondern auch von der Marktsituation her kunstfremd – die Illustrierung nimmt auf die Besonderheiten der Texte keine Rücksicht.

---

24 Vgl. Hanebutt-Benz: Studien zum Deutschen Holzstich (Anm. 4), Sp. 684.

Die wirkungsvolle Buchgestaltung – Wissenschaftliche Erkenntnisse und Konsequenzen

Dieter Herbst und Bettina Maisch

Vorbemerkungen

Das Interesse an Büchern ist ungebrochen, trotz steigender Bedeutung der digitalen Medien verzeichnet die deutsche Buchbranche ein anhaltendes Wachstum. Mit rund 129.000 Gästen auf der Leipziger Buchmesse[1] und knapp 300.000 Gästen auf der Frankfurter Buchmesse[2] konnten beide Veranstaltungen 2008 neue Besucherrekorde melden. Dieses Publikumsinteresse spiegeln auch die Wirtschaftszahlen: Der Umsatz der deutschen Buchbranche betrug 2007 9,58 Milliarden Euro. Doch so erfreulich diese Zunahme ist, so steigt gleichzeitig der Kampf um die Buchkäufer, denn im gleichen Jahr sind allein in Deutschland über 95.000 neue Titel auf den Buchmarkt gekommen.[3]

Angesichts dieses Konkurrenzkampfes wird für Verlage die Frage immer dringlicher, wie sich ein Buch auf diesem Markt durchsetzen kann. Dieser Beitrag will einige wichtige aktuelle wissenschaftliche Erkenntnisse zur Wirkung der Buchgestaltung vorstellen. Zu den allgemeinen Wirkprinzipien der Buchgestaltung können mittlerweile zahlreiche Forschungsergebnisse aus unterschiedlichen Wissenschaftsdisziplinen herangezogen werden, vor allem aus der Wahrnehmungspsychologie, den Neurowissenschaften, der Psychologie und den Kulturwissenschaften. Hieraus sollen dann Konsequenzen für das konzeptionelle und operative Vorgehen abgeleitet werden.

Allgemeine Wirkprinzipien

Die Buchgestaltung wirkt stark unbewusst

Das Gehirn verarbeitet den Großteil der aus der Außenwelt aufgenommenen Informationen über die Buchgestaltung unbewusst, also implizit. Ein Grund ist, dass das Gehirn nur etwa 2 Prozent der Körpermaße einnimmt, beim bewussten, expliziten Nachdenken aber 20 Prozent der Körperenergie verbraucht. Bewusstsein sei daher für das Gehirn ein Zustand, der tunlichst zu vermeiden und nur im Notfall einzusetzen ist, sagt Hirnfor-

---

1 Leipziger Buchmesse: Leipziger Buchmesse endet mit großartiger Bilanz, http://www.leipziger-messe.de/LeMMon/buch_web_ger.nsf/frames?OpenPage&Code=0x00x7x, Stand 16.03.2008.

2 Frankfurter Buchmesse, http://www.buchmesse.de/de/fbm/, Stand 01.11.2008.

3 Börsenverein des Deutschen Buchhandels : Honnefelder: 2007 war für die Buchbranche ein erfolgreiches Jahr, http://www.boersenverein.de/de/158446/Pressemitteilungen/210884?_nav=, Stand 03.07.2008.

scher Gerhard Roth.[4] Die enorme Leistung des Unbewussten lässt sich anhand folgender Zahlen erkennen: Bewusst kann das Gehirn etwa 40–50 Bit Informationen verarbeiten, unbewusst 11.000.000 Bit[5], also nur 0,0004 Prozent dringen in das Bewusstsein. Timothy Wilson[6] vergleicht deshalb das Bewusstsein mit einem winzigen Schneeball auf der Spitze des Eisbergs.

Das implizite System übernimmt das Steuer im Kopf, wenn Menschen unter Zeitdruck stehen, mit Informationen überlastet, wenig interessiert und unsicher hinsichtlich einer Entscheidung sind, zum Beispiel weil sich Angebote stark ähneln oder die Entscheidung sehr komplex ist und damit die begrenzten Kapazitäten des expliziten Systems nicht ausreichen.[7]

Auch die Buchgestaltung wirkt auf diese Weise. Steht der Konsument vor einer Entscheidung über den Kauf des Buchs, muss er nicht lange überlegen und wertvolle Energie investieren; stattdessen nimmt er die Codes der Buchgestaltung als Schlüsselinformationen auf, interpretiert, deutet und bewertet sie, um zu einer ersten, spontanen Einschätzung des Buchs zu gelangen, von dessen Bedeutung und Belohnung für ihn. Von diesen Schlüsselinformationen schließt der Konsument dann auf weitere Eigenschaften des Buchs: Wenn ihm die Gestaltung zusagt oder wenn er bereits positive Assoziationen mit dem Thema, dem Autor, dem Verlag verknüpft, neigt er dazu, dem gesamten Buch weitere positive Eigenschaften zu unterstellen. Dies gilt auch für negative Assoziationen.

Alles Denken hat demzufolge einen unbewussten Vorsprung: Entscheidende Bedeutung für implizite Bewertungen und Entscheidungen hat das limbische System, das die Gefühle steuert. Dieses System entscheidet, und erst danach merkt der Konsument, dass er etwas will – das Unbewusste entscheidet also letztlich, ob ein Mensch handelt oder nicht[8], ob er ein Buch kauft oder nicht.

Konsequenzen für die Buchgestaltung: Bei der Buchgestaltung sollte den unbewussten Prozessen der Aufnahme, des Interpretierens, des Einordnens und der emotionalen Bewertung des Buchs künftig deutlich mehr Aufmerksamkeit geschenkt werden, weil sie es sind, die maßgeblich an der Verarbeitung von Informationen beteiligt sind und letztlich auch über das Verhalten der Konsumenten entscheiden. Das implizite Wissen „ist sprachlich nicht verfügbar, dominiert aber unser Handeln in fundamentaler Weise".[9]

Der Konsument bekommt von diesen Prozessen fast nichts mit. Was die Person bewusst aus seinem expliziten Gedächtnis abrufen könnte, wären zum Beispiel Informationen über den Autor und den Verlag; er könnte auch angeben, ob er das Buch sympa-

---

4   Roth, Gerhard: Warum ist Einsicht schwer zu vermitteln und schwer zu befolgen? Neue Erkenntnisse aus der Hirnforschung und den Kognitionswissenschaften, Vortrag im Niedersächsischen Landtag am 25.01.2000, http://pweb.de.uu.net/pr-marzluf.hb/rothvor.html.

5   Scheier, Christian und Held, Dirk: Was Marken erfolgreich macht. Neuropsychologie in der Markenführung. Planegg/München 2007.

6   Wilson, Timothy: Gestatten, mein Name ist Ich. Das adaptive Unbewusste – eine psychologische Entdeckungsgreise. München 2007.

7   Vgl. Scheier/Held (Anm. 5).

8   Roth (Anm. 4).

9   Pöppel, Ernst: Zum Entscheiden geboren. Hirnforschung für Manager. München 2008, S. 35.

thisch findet oder nicht, weil ihm dies bewusst zugänglich ist. Würde er zur Aufnahme, Verarbeitung und Speicherung befragt, könnte er zwar immer antworten, doch die Antwort würde nicht den tatsächlichen Vorgängen im Unbewusstsein entsprechen. Hierzu drei Belege: In der Studie von Zaltman[10] zeigen sich Diskrepanzen zwischen bewussten Beschreibungen des Erlebten und unbewussten Hirnaktivitäten. Eine Meta-Analyse von 126 Studien zeigt, dass explizite und implizite Einstellungen nur gering korrelieren können.[11] Nach Pöppel[12] will der Verstand begründen, es sich hierbei aber leicht machen: Er sucht nach monokausalen Begründungen, die oft die einfachsten sind, aber nicht die tatsächlichen.

Für die Wirkungskontrolle der Buchgestaltung hat dies zur Konsequenz, künftig Befragungen, die das explizite Gedächtnis erheben, um Methoden und Instrumente, die die impliziten Prozesse der Aufnahme, Verarbeitung und Speicherung der Buchgestaltung aufdecken zu ergänzen. Hierzu gehören qualitative Tiefeninterviews und reaktionszeitbasierte Methoden und Instrumente, bei denen die Befragten spontan antworten müssen, bevor sich der Verstand einschaltet.[13]

Buchgestaltung löst Gefühle aus

Zentrale Bedeutung für die implizite Bewertung der Buchgestaltung hat das limbische System, der Sitz der emotionalen Intelligenz. Das limbische System besteht aus einem Netzwerk von Bahnen und Kerngebieten in der Tiefe des Gehirns, zu denen neben der Amygdala (Mandelkern) noch andere Zellgruppen im Zwischenhirn gehören, die wiederum mit Teilen der Großhirnrinde verbunden sind. Dort sitzen auch die Wünsche, Motive und Emotionen des Menschen. Die allgemeine Funktion des limbischen Systems besteht darin, das zu bewerten, was das Gehirn tut.[14]

Das limbische System bewertet alle eingehenden Informationen aus der Außenwelt danach, was diese für den Menschen bedeuten: „Dabei gilt für alle Lebewesen, dass nur solche Informationen aufgenommen werden, die für den Organismus bedeutsam sind. Die Sinnessysteme, die Informationen aufnehmen, sind also bereits Filter im Hinblick auf bedeutsame Informationen."[15] Dieses System funktioniert ähnlich einer die Eingän-

---

10 Zaltman, Gerald: How Customers Think: Essential Insights into the Mind of the Market. Harvard 2003.

11 Hofmann, Wilhelm/Gawronski, Bertram/Gschwendner, Tobias/Le, Huy/ Schmitt, Manfred: A Meta-Analysis on the Correlation Between the Implicit Association Test and Explicit Self-Report Measures. In: Personality and Social Psychology Bulletin, Vol. 31 (2005), No. 10, S. 1369–1385; siehe auch die dortigen Begründungen.

12 Pöppel (Anm. 9).

13 Vgl. Scarabis, Martin/Florack, Arnd: Neue Einsichten durch neue Methoden: Reaktionszeitbasierte Verfahren in der Marken- und Werbeforschung. In: Arnd Florack, Martin Scarabis, und Ernst Primosch (Hrsg): Psychologie der Markenführung. München 2007, S. 464–483; Gawronski, Bertram/Conrey, Frederika R.: Der Implizite Assoziationstest als Maß automatisch aktivierter Assoziationen: Reichweite und Grenzen. Psychologische Rundschau, 55 (2004), S. 118–126.

14 Roth, Gerhard: Das Gehirn und seine Wirklichkeit. Kognitive Neurobiologie und ihre philosophischen Konsequenzen. Frankfurt 1996.

15 Pöppel (Anm. 9), S. 46.

ge sortierenden Bibliothekarin. „Es findet bereits eine … informatorische ‚Müllbeseiti-gung‘ statt. Es wird nur das zur Kenntnis genommen, was wichtig ist oder was wichtig sein könnte."[16] Das Wirken des limbischen Systems zeigt sich in begleitenden Gefühlen, die entweder vor bestimmten Handlungen warnen oder die Handlungsplanung in eine bestimmte Richtung lenken.

Viele aktuelle Forschungsergebnisse bestätigen, dass Entscheidungen vor allem emo-tional fallen.[17] Dass Emotionen sogar Voraussetzung für rationale Entscheidungen sind, belegen die Arbeiten von Damasio: Einige Patienten, die auf Grund von geschädigten Hirnregionen ihre Emotionalität eingebüßt hatten, verloren gleichzeitig ihre Fähigkeit, rationale Entscheidungen zu treffen. Fazit: Emotionen sind notwendige Grundlage für vernünftiges Handeln. Fazit: Wer nicht fühlt, kann auch nicht vernünftig entscheiden oder handeln.[18] Emotionen sind keine Störungen des vernünftigen Denkens, sondern Überlebenshilfe.[19]

Schon in der Zeit bis 200 Millisekunden findet eine erste emotionale, vorbewusste Bewertung des Buchumschlags statt. Erst nach 200–500 Millisekunden beginnt die ei-gentliche Bildverarbeitung.[20] Alle „bewusst" erlebten Kognitionen werden also vorbe-wusst emotional eingefärbt und dadurch bewertet. Der Motor der Vernunft ist die Emo-tion. Die Emotionen entscheiden, wann und wie der Mensch etwas wahrnimmt.[21] Die erste Bewertung erfolgt dabei nach den Kriterien interessant/uninteressant und sympa-thisch/unsympathisch.

Besonders schnell sprechen das limbische System Geschichten, Bilder und emotio-nale Worte an wie „Tod" oder „Liebe". Aus Sicht der Zielgruppe langweilige, uninteres-sante Buchgestaltung und unbedeutende Informationen aktivieren das limbische System nur wenig – an Buchgestaltung, die keine Gefühle auslöst, erinnern sich die Konsumen-ten kaum.

Je stärker die Buchgestaltung emotional anspricht, desto besser lernen die Konsu-menten dessen Botschaften. Gute und schlechte Gefühle werfen einen Lernturbo[22] an: Je mehr ein Mensch Emotionen mit etwas neu Gelerntem verbindet, desto fester setzt sich die Information im Gehirn fest. „Akute emotionale Erregung kann dazu führen,

16 Pöppel (Anm. 9), S. 46.
17 Damasio, Antonio: Ich fühle, also bin ich. Die Entschlüsselung des Bewusstseins. 4. Auflage. Mün-chen 2003; Damasio, Antonio: Descartes' Irrtum. Fühlen, Denken und das menschliche Gehirn. Berlin 2004; Roth 1996 und 2000 (Anm. 4 und 14); Roth, Gerhard: Fühlen, Denken, Handeln. Wie das Gehirn unser Verhalten steuert. Frankfurt 2001; Roth, Gerhard: Persönlichkeit, Entschei-dung und Verhalten. Warum es so schwierig ist, sich und andere zu ändern. 4. Auflage. Stuttgart 2008.
18 Roth (Anm. 4).
19 Storch, Maja: Das Geheimnis kluger Entscheidungen. München 2005.
20 Vgl. Traindl, Arndt/Roland, Jenny: Neuromagnetic-Studie 2000, 2004, LIM-Studie 2001. Arn-stetten 2001.
21 Traindl, Arndt: Neuromarketing : die innovative Visualisierung von Emotionen. 3. Auflage. Linz 2007.
22 Spitzer, Manfred: Lernen. Gehirnforschung und die Schule des Lebens. Heidelberg 2002.

dass wir bestimmte Dinge besser behalten."[23] Auch die Studien von Traindl[24] im Retailbereich bestätigen, dass Emotionen helfen, besser wahrzunehmen und effektiver zu lernen. Das Entscheidungsverhalten von Probanden ist bei einer emotionalen Aufladung deutlich gerichteter und schneller.

Diese Erkenntnisse haben für die Buchgestaltung zwei Konsequenzen: Die erste ist, dass die Buchgestaltung stets eine emotionale Bedeutung für die Zielgruppen haben sollte. Die zweite Konsequenz ist, dass die Buchgestaltung ein eigenständiges Erlebnisprofil aus einzigartigen positiven Gefühlen aufbauen sollte, die die Zielgruppen mit dem Buch verbinden, um deren limbisches System anzuregen.

Buchgestaltung ist belohnend

Wichtige Teile des limbischen Systems sind das Angst- und Fluchtsystem, das entscheidet, was der Mensch meidet, sowie das Belohnungssystem, das entscheidet, was der Mensch sucht. Gefahren meiden und Wohlbefinden suchen, ist Leitmotto des Gehirns. Das Belohnungssystem soll das Handeln steuern, indem es den Menschen mit guten Gefühlen belohnt, wenn dieser so handelt, wie es ihm gut tut. Die Kommunikation zwischen den einzelnen Teilen des Belohnungssystems läuft über den Botenstoff Dopamin, einen der so genannten Neurotransmitter, die Signale zwischen den Nervenzellen übermitteln. Die Ausschüttung des Glücksboten Dopamin nimmt der Mensch als positives Gefühl wahr, das ihn zum Handeln bringen kann. Das Belohnungssystem und das Bewegungssystem liegen im Gehirn dicht beieinander.

Das Belohnungssystem sorgt dafür, dass ein Käufer Vorfreude empfindet, wenn er an das Lesen am Abend denkt. Besonders aktiv ist das Belohnungssystem des Käufers, wenn das Buch dessen Erwartungen übertrifft. Umgekehrt fällt die Erregung ab, wenn die durch die Buchgestaltung ausgelöste erwartete Belohnung ausbleibt – der Leser ist enttäuscht und er lernt auch dies besonders gut, um dieses Gefühl künftig zu meiden.

Die Buchgestaltung sollte daher mit dem Belohnungssystem der Zielgruppen verknüpft sein und ein möglichst einzigartiges belohnendes Gefühl beim Lesen des Buches versprechen: Was kann der Konsument vom Buch erwarten, was nicht? Diese Erwartungen können zum Beispiel Größe und Form des Buches vermitteln, das Material sowie die graphischen Elemente der Buchgestaltung selbst wie Farbgestaltung, Typografie und Bilder.

Bei der Spekulation über eine erwartete Belohnung greift das Gehirn auf Erfahrungen zurück. Mit seinen Erfahrungen speichert der Mensch nämlich ab, ob ihm eine Handlung gut getan hat oder nicht. Gemeinsam mit seinen Erfahrungen und deren emotionalen Bewertungen legt der Mensch ein Körpergefühl ab – das emotionale Erfahrungsgedächtnis entsteht, wie es der Hirnforscher Gerhard Roth[25] genannt hat. Das emotionale Erfahrungsgedächtnis ist ein Zusammenschluss von mehreren Teilgebieten unterhalb der Großhirnrinde, die für Entscheidungen wesentlich sind. Es speichert

---

23 Spitzer Manfred: Verdacht auf Psyche – Grundlagen, Grundfragen und Grundprobleme der Nervenheilkunde. Stuttgart 2003, S. 158.
24 Traindl (Anm. 21).
25 Roth (Anm. 4 und 17).

Gefühle und Köperempfindungen. Hirnforscher Antonio Damasio[26] geht davon aus, dass jedes Objekt und jede Situation aus Erfahrungen mit Emotionen und den begleitenden Körperzuständen verknüpft sind, so genannte „Somatische Marker"[27]. „Wenn wir uns nun an ein Objekt erinnern …, dann rufen wir also nicht nur sensorische Daten ab, sondern auch die begleitenden motorischen und emotionalen Daten. Wenn wir uns an ein Objekt erinnern, rufen wir nicht nur die sensorischen Besonderheiten eines realen Objekts ab, sondern auch die früheren Reaktionen des Organismus auf das Objekt."[28]

Erfahrungen enthalten also eine emotionale Bewertung, ob diese positiv oder negativ war: War die Begegnung mit einem Verlag, einem Autor, einem Thema angenehm oder unangenehm? Die Bewertung übernimmt das limbische System. Steht ein Konsument vor der Entscheidung, ein Buch zu kaufen, ruft sein Gehirn diese gespeicherten Erinnerungen ab, möglicherweise auch jene an die Buchgestaltung – dies hilft bei einer Entscheidung für das Handeln schnell und zuverlässig. Der Konsument schätzt ab, ob ihm eine geplante Handlung gut tun wird. „Das Muster der Gedanken besteht also aus Erinnertem und Gefühltem, in Verbindung mit eingehenden Informationen, die im Netz der Muster miteinander verknüpft werden, um zu entscheiden, was ist, was sein soll oder was sein wird."[29]

Die Buchgestaltung ist bedeutend

Das limbische System bewertet Informationen anhand der emotionalen Bedeutung. Die Frage lautet daher, welche emotionale Bedeutung die Buchgestaltung für Konsumenten haben und welche belohnenden Gefühle sie auslösen kann? Von Norbert Bischof[30] stammt das Zürcher Modell der sozialen Motivation. Der Psychologe nennt drei Grundmotive, die Menschen auf aller Welt durchs Leben leiten: Sicherheit, Erregung, Autonomie. Motive sind psychische Antriebszustände für Dinge, die nicht selbstverständlich ablaufen, sondern bestimmte Widerstände überwinden müssen. Je höher die Widerstände, desto stärker muss die Motivation zu einer bestimmten Handlung sein.[31]

- *Sicherheit*: Der Mensch trägt das Bedürfnis nach Beständigkeit, Stabilität, Sicherheit und Ausgleich in sich. Er sehnt sich nach Bindung und Fürsorge, Heimat und Tradition.
- *Erregung*: Der Mensch sucht neue Reize, er will einzigartig sein, aus dem Gewohnten ausbrechen und aktiv sein.
- *Autonomie*: Der Mensch will nach oben streben, Leistung zeigen, Erfolg und Überlegenheit genießen, sich gegen andere durchsetzen, sein Territorium erweitern.

---

26 Damasio 1994 (Anm. 17).
27 Damasio 2004 (Anm. 17).
28 Damasio 2003, S. 195 (Anm. 17).
29 Schwarz, Friedhelm: Muster im Kopf. Warum wir denken, was wir denken. Hamburg 2006, S. 123.
30 Bischof, Norbert: Das Rätsel Ödipus. Die biologischen Wurzeln des Urkonfliktes von Intimität und Autonomie. München 1985.
31 Roth 2008, (Anm. 17).

Diese drei Grundmotive sind schon in der Kindheit angelegt: Schon kurz nach der Geburt strebt das Kleinkind nach Nähe zu seinen Eltern, deren Geborgenheit und der Schutz vor Gefahr. Es entstehen Vertrauen und Bindung (Sicherheitsmotiv). Sobald das Kind krabbeln und laufen kann, will es auf eigenen Beinen seine Umwelt erkunden – es strebt nach Neuem, nach Abwechslung und anderen Menschen. Es ist neugierig, es will Erfahrungen machen und testet aus (Erregungsmotiv). Erwachsene gehen zwar Bindungen mit anderen Menschen ein, doch hierbei wollen sie das Gefühl haben, unabhängig zu sein, selbst zu entscheiden, sich durchsetzen und Dinge im Griff haben (Autonomiemotiv). Später im Leben können die Motive darüber entscheiden, welchen Beruf der Mensch ausübt: Künstler sind stärker vom Erregungsmotiv gesteuert, Controller von Autonomie und Kontrolle, Krankenpfleger vom Sicherheitsmotiv. Die Motive bestimmen auch, wie Menschen denken: Sind sie eher ängstlich, suchen sie Sicherheit, sehen genauer hin und beachten Details. Streben sie nach Autonomie und Überlegenheit wenden sie stärker Regeln an und wollen regeln. Das Erregungsmotiv erweitert den Handlungsspielraum durch ungewöhnliches und kreatives Denken. Das Motivsystem zeigt, dass jeder Mensch von seinem ganz eigenen System gesteuert wird und demzufolge auch Menschen ganz unterschiedlich bewerten.

Jedes Motivsystem hat eine positive und eine negative Seite, die gute sucht der Mensch, die schlechte meidet er: Er meidet Angst und Unsicherheit, stattdessen sucht er Sicherheit und Geborgenheit. Er meidet Niederlagen, Ärger, Wut und Unzufriedenheit, stattdessen sucht er Überlegenheit, Siegesgefühl, Lob. Er meidet Langeweile und sucht stattdessen Genuss, Prickeln, Spaß, Spannung und Abwechslung.

Für die Buchgestaltung scheint somit die wichtigste Aufgabe darin zu liegen, das Buch mit positiven Gefühlen zu verbinden, zum Beispiel dem Sicherheits- und Geborgenheitsgefühl, dem Genussversprechen, mit dem Prickeln des Neuen und Aufregenden, mit einem Status- und Überlegenheitsgefühl oder mit dem Gefühl, alles im Griff zu haben und kontrollieren zu können. Die Buchgestaltung, die für die eine Zielgruppe Ruhe und Sicherheit auslöst, kann für eine andere langweilig sein.

Codes der Buchgestaltung

Die emotionale Bedeutung kann die Buchgestaltung auf drei Arten vermitteln, die das Gehirn dekodieren und speichern kann[32]:

- *Die sensorische Kodierung*: Wie sieht es aus? Das Gehirn verarbeitet sensorische Eindrücke, also jene, die der Mensch über seine Sinne aufnimmt. Hier speichert er, wie die Dinge aussehen, zum Beispiel die Gestaltung eines Buches. Diese Verarbeitung ist sehr oberflächlich und berücksichtigt noch nicht die Bedeutung der Signale, zum Beispiel der Farben und Formen. Spricht die Buchgestaltung stimmig alle Sinne an, also auch den Tastsinn und den Geruchssinn, potenziert sich die Wirkung, weil sie zu einem ganzheitlichen, stimmigen Eindruck verschmelzen, der für das Gehirn eine wichtige Entscheidungsgrundlage darstellt. Mehrere Gehirnbereiche sind aktiv und an der Speicherung der Eindrücke beteiligt. Ergebnis: Die Buchgestaltung verankert

---

32 Scheier/Held (Anm. 5).

sich nachhaltig. Wirken alle fünf Sinne zusammen, so ergibt dies die zehnfache Wirkung, „multisensory enhancement" genannt.[33] Möglich ist dies in der Buchgestaltung, da im Gehirn die visuellen Zentren mit weiteren sensorischen Hirnarealen verknüpft sind. So kann das Bild einer Frühlingswiese das gespeicherte Wissen von frisch gemähtem Gras auslösen.

– *Die semantische Kodierung*: Was bedeutet es? Der Mensch speichert semantische Eindrücke, also wofür die Signale stehen: Der dunkle Anzug und die Krawatte sind nicht nur Kleidung, sondern sie stehen auch für das Geschäftsleben. Die Bedeutung ist wesentlich wichtiger als das Aussehen. Die Interpretation der Bedeutung spielt auch für die Verwendung der Sprache eine wichtige Rolle.

– *Die episodische Kodierung*: Wann und wo habe ich es gesehen? Mit wem war ich da zusammen? Das Gehirn speichert episodische Eindrücke, die mit der Buchgestaltung verbunden sind, zum Beispiel weil das Buchcover eine Geschichte erzählt.[34]

Für die Buchgestaltung stehen daher folgende Bedeutungsträger zur Verfügung, mit denen sie das Belohnungsversprechen vermitteln kann: Sensorik, Symbole, Episoden und Sprache.[35]

Das Gehirn speichert keine Erinnerungen über die Buchgestaltung als Gesamtpaket, sondern es kodiert Signale auf drei Wegen und legt sie auch an unterschiedlichen Orten ab. Die Hirnforschung unterscheidet deshalb drei Gedächtnisarten: das sensorische, das semantische und das episodische Gedächtnis. „Die erzählten Geschichten … aktivieren Erlebnisse in unserem episodischen Gedächtnis und schaffen damit Relevanz. Die verwendeten Symbole wie z.B. ein Logo … werden im semantischen Gedächtnis, und die sensorischen Erfahrungen wie Farben … werden in den sensorischen Gedächtnissen verarbeitet. All diese Signale werden mit den individuellen und kulturell gelernten Erfahrungen und Erwartungen abgeglichen. Aus diesem Abgleich entsteht dann die Bedeutung, die unser Verhalten steuert."[36] Das episodische bzw. autobiografische Gedächtnis nimmt hierbei eine herausragende Rolle ein, weil es das größte und wichtigste Gedächtnissystem für den Menschen ist.[37] Dies ist auch darin begründet, dass das Gehirn die vielen Informationen aus der Umwelt angemessen verarbeiten und Erwartungen bilden kann: Geschichten sind besonders gehirngerecht, weil sie bildhaft, bewegungsnah und anschaulich sind.[38] Sie haben nicht das Ziel, möglichst viele Informationen zu vermitteln, sondern Schlüsselinformationen, anhand derer die Konsumenten entscheiden können, ob sie das Buch kaufen oder nicht. „Geschichten sind offenbar eine höchst ökonomische Art, mit der Komplexität der Welt umzugehen. Sie setzen unterschiedliche Akteure in einer spannenden, die Emotionen … fesselnden und daher gut merkbaren

---

33 Ebd.
34 Simon, Fritz B.: Gemeinsam sind wir blöd?! Die Intelligenz von Unternehmen, Managern und Märkten. Heidelberg 2004, S. 179.
35 Scheier/Held (Anm. 5).
36 Scheier, Christian/Held, Dirk: Wie Werbung wirkt. München 2006, S. 70.
37 Vgl. Markowitsch, Hans J.: Das autobiographische Gedächtnis. Hirnorganische Grundlagen und biosoziale Entwicklung. 2. Auflage. Stuttgart 2005.
38 Herbst, Dieter: Storytelling. Konstanz 2008.

Form zueinander in Beziehungen … Sie integrieren in einzigartiger Weise kognitive und emotionale Schemata und werden so zu einem der wichtigsten Interpretationsrahmen, die wir als Menschen zur Deutung unserer Erfahrungen verwenden.“[39]

Pöppel[40] geht davon aus, dass 80 Prozent der im episodischen Gedächtniskodierten Bilder mit starken Emotionen begleitet und für den Menschen wichtig sind. Hierfür benötigt das episodische Gedächtnis nur ein einmaliges Erleben *(one-trial-learning)*. Hirnforscherin Beatrice Wagner[41] fand heraus, dass Bilder nur dann dauerhaft ins episodische Gedächtnis gelangen, wenn sie an bestehende positive Bilder anknüpfen, die das Selbstbild der Zielgruppe unterstützen.

Innere Bilder als Ergebnis der Buchgestaltung

Zur den wichtigsten Wirkungen der Buchgestaltung gehören innere Bilder, die in den Köpfen der Zielgruppen spontan entstehen, wenn sie an die Buchgestaltung denken. Innere Bilder, in der Fachsprache als *Imageries* bezeichnet[42], haben eine besondere Bedeutung für die Wirkung der Buchgestaltung: Sie wirken sehr stark auf Meinungen, Einstellungen, Überzeugungen und Verhaltensabsichten.[43] Starke und klare innere Bilder sind sehr verhaltenswirksam und tragen dazu bei, dass Konsumenten ein Produkt einem anderen vorziehen. Zum Beispiel zeigt die Studie *Imagery* der Zeitschrift *GEO*[44], dass die Einstellung zu Marken und Unternehmen umso besser ist, je klarer die Vorstellungen sind, die Menschen bei der gedanklichen Verarbeitung entwickeln.

Die *Vividness* (Klarheit, Lebendigkeit) gilt als wichtigste und verhaltenswirksamste Dimension innerer Bilder.[45] Darunter wird das klare und eindeutige Bild der Marke in den Köpfen bzw. im Vorstellungsbild des Konsumenten verstanden.[46] Je klarer und lebendiger das innere Bild von der Buchgestaltung und der durch diese vermittelten Belohnungsversprechen des Buchs gegenüber anderen Büchern ist, desto stärker wird es Verhalten beeinflussen.

Zusammenfassung

Wirkungsvolle Buchgestaltung vermittelt das einzigartige Belohnungsversprechen des Buches durch alle für das Gehirn relevanten Signale, also die Sensorik, die Symbolik, die Episodik und die Sprache. Dieses Belohnungsversprechen ist bedeutend für die Ziel-

---

39 Simon (Anm. 34), S. 179.
40 Pöppel, Ernst: Was ist Wissen? Vortrag anlässlich der festlichen Semestereröffnung an der Universität zu Köln am 19. Oktober 2001.
41 Wagner, Beatrice: Hirnforschung: Episodisches Gedächtnis: Wie uns die Erinnerungsbilder zu einem gesünderen Leben verhelfen. 2008. URL: http://www.beatrice-wagner.de/texte/h_episodisch.pdf.
42 Vgl. Kroeber-Riel, Werner: Bildkommunikation, München 1996.
43 Vgl. Überblick bei Kroeber-Riel (Anm. 42).
44 Geo-Zeitschriftenfamilie: Imagery. Innere Markenbilder in gehobenen Zielgruppen. Eine Untersuchung der GEO-Zeitschriftenfamilie. 2006.
45 Kroeber-Riel (Anm. 42).
46 Esch, F.-R./Geus, P.: „Markenwertmessung auf dem Prüfstand“, in: Absatzwirtschaft, Sonderheft Marken, 44. Jg. (2001), Heft 5, S. 24–27.

gruppen – essenziell diese zu kennen. Es kann in Sicherheit, in Anregung und Dominanz bestehen. Die Buchgestaltung sollte der Zielgruppe ein klares, also widerspruchsfreies Vorstellungsbild von diesem Belohnungsversprechen vermitteln: Wie wird sich
diese fühlen, wenn sie das Buch liest? Je klarer dieses Vorstellungsbild, desto verhaltens-
wirksamer ist es.

Referenten und Autoren

Prof. Dr. Christoph Bläsi, Professor für Buchwissenschaft, Universität Erlangen-Nürnberg
Gleiche Ziele, andere Lösungen: Buchnahe Gestaltung für den Bildschirm

Dr. Cornel Dora, Kantonsbibliothekar, Kantonsbibliothek Vadiana St. Gallen, Stiftungsrat St. Galler Zentrum für das Buch
Herausgeber

lic. phil. Christine Felber, Leiterin Öffentlichkeitsarbeit der Universitätsbibliothek Bern
Hinwendung zum unauffällig Schönen: Das gut ausgestattete Gebrauchsbuch und seine Entwicklung

Tanja Graf, Verlegerin SchirmerGraf Verlag, München
Gestaltung und Verlagsmarketing eines belletristischen Verlags am Beispiel des SchirmerGraf Verlags (gegründet 2004 in München)

Prof. Dr. Günter Häntzschel, Em. Professor für Neuere deutsche Literaturwissenschaft an der Universität München, Vorstandsmitglied Internationale Buchwissenschaftliche Gesellschaft
„Lieder, Balladen, Romanzen harmonisch verbunden mit der bildenden Kunst durch Illustrationen": Lyrikvermittlung in illustrierten Anthologien und Prachtausgaben der Gründerzeit

Prof. Dr. Dieter Herbst, Studiengangsleiter für den Masterstudiengang „Leadership in Digitaler Kommunikation" an der Universität der Künste Berlin, Leiter des Masterstudiengangs „Marketing and Communications" an der Fachhochschule für Oekonomie und Management Berlin
Die wirkungsvolle Buchgestaltung – Wissenschafiliche Erkenntnisse und Konsequenzen (zusammen mit Bettina Maisch)

Jost Hochuli, Buchgestalter, St. Gallen
Zur Gestaltung der Großen kommentierten Frankfurter Thomas-Mann-Ausgabe des S. Fischer Verlags

Hans Jürg Hunziker, Schriftgestalter, Auxerre
Gedanken zur Schriftgestaltung

Prof. Dr. phil. Ulrike Landfester, Lehrstuhl für deutsche Sprache und Literatur, Universität St. Gallen
Schöner lesen. Buch und Gestalt

Bettina Maisch, Assistentin von Prof. Dr. Dieter Herbst und Doktorandin am Institut für Medien und Kommunikationsmanagement, Universität St. Gallen
Die wirkungsvolle Buchgestaltung – Wissenschaftliche Erkenntnisse und Konsequenzen (zusammen mit Dieter Herbst)

Josef Felix Müller, Künstler, Inhaber und Verleger Vexer-Verlag, St. Gallen
Gestaltung und Vermarktung in einem Kleinverlag

Prof. Dr. Wolfgang Schmitz, Direktor der Universitäts- und Stadtbibliothek Köln, apl. Professor für Bibliothekswissenschaft an der Universität zu Köln, Vorsitzender der Internationalen Buchwissenschaftlichen Gesellschaft
Schlusswort und Ausblick

Uta Schneider, Geschäftsführerin der Stiftung Buchkunst, Frankfurt am Main, Mitglied im Kuratorium Gutenberg Preis Leipzig und Mainz
Aktuelle Tendenzen in der Buchgestaltung
boundless und satz–wechsel: Konzepte zweier Künstlerbücher (zusammen mit Ulrike Stoltz)

Prof. Ulrike Stoltz, Professorin für Typografie, Hochschule für Bildende Künste Braunschweig
boundless und satz–wechsel: Konzepte zweier Künstlerbücher (zusammen mit Uta Schneider)

Prof. Dr. Werner Wunderlich, Institut für Medien und Kommunikationsmanagement, Universität St. Gallen, Stiftungsrat St. Galler Zentrum für das Buch, Vorstand Internationale Buchwissenschaftliche Gesellschaft
Begrüssungsreferat

Stephan Füssel (Hg.)

Gutenberg-Jahrbuch 84 (2009)

Herausgegeben im Auftrag der
Gutenberg-Gesellschaft

2009. 378 Seiten, 166 Abb., Ln
ISBN 978-3-447-06054-7
€ 75,– (D) / sFr 127,–

Aus dem Inhalt (21 Beiträge):

Inkunabelforschung

G. Powitz, Der Text der Gutenberg-Bibel im
Spiegel seiner zeitgenössischen Rezeption

C. Reske, Der Holzschnitt bzw. Holzstock
am Ende des 15. Jahrhunderts. Aspekte der
Arbeitsteilung, Kosten und Auflagenhöhe

A. Stijnman, Ein unbekanntes Blockbuch in
Cod. Guelf. 1189 Helmst. der Herzog August
Bibliothek, Wolfenbüttel

S. Corsten, Vom Setzen der *Kölnischen
Chronik* (1499)

Y. Sordet, Le baptême inconscient de
l'incunable: non pas 1640 mais 1569 au
plus tard

Internationaler Frühdruck

F.J. Cornejo, La orla del frontispicio de los
putti y sus distintas versiones: una aproxi-
mación al grabado xilográfico español en la
época de Carlos V.

M.J. Heller, Variations In and Between Early
Hebrew Books

M. Lejeune, Les «impressions fantômes»
dans les *Pourtraits divers* (1557) de Jean de
Tournes

Buchillustration

S. Berger, The Complex Genealogy of Hans
Holbein the Younger's Illustrations of *Moriae
Encomium*

Bibliotheksgeschichte

W.A. Kelly, Index of prints not listed in VD 16

Ute Schneider (Hg.)

Imprimatur 21 (2009)

Ein Jahrbuch für Bücherfreunde

Im Auftrag der Gesellschaft der
Bibliophilen, München

2009. 308 Seiten, 225 Abb.,
mit Schutzumschlag, gb
ISBN 978-3-447-05948-0
€ 119,– (D) / sFr 201,–

Aus dem Inhalt (15 Beiträge):

Buchkunst und Gebrauchsgraphik

S. Obermaier, Auf den Spuren des Löwen.
Zum Bild vom Tier in Mittelalter und Neuzeit

W.D. v. Lucius, Malereinbände. Teil 2:
Bemalte Einbände der 20er Jahre

S. Haack, »Emil und die Detektive«. Die
Illustrationen in ausländischen Ausgaben

W. Tiessen, Vom Schriftsetzer zum Verleger
oder das Ende der Ära Gutenbergs

Bibliophiles und Antiquarisches

D. Stört, Die Bibliothek Johann Wilhelm
Ludwig Gleims

C.-L. Reichert, Der komplettierte Geister-
seher. Fortsetzungen, Seiten- und Neben-
stücke zu Schillers Fragment

W. Rasch, Grabbe, Gutzkow und Journale.
Aus dem Briefwechsel Alfred Bergmanns
mit Heinrich Hubert Houben

S. Knopf, »Für Bilder und Bücher ist immer
Platz...« Berliner Verleger und Buchhändler
als Kunstsammler und Bibliophile

E. Köstler, Bücher Bücher Bücher Bücher.
Aus der Blütezeit der Münchner Bibliophilie

S. Korsmeier, Der Freundes- und Kunden-
kreis der Ernst Ludwig Presse

Buchpflege

C. Beinhofer, Präventive Konservierung und
Restaurierung. Praktische Tipps, um lange
Zeit Freude an Büchern zu haben

HARRASSOWITZ VERLAG · WIESBADEN
www.harrassowitz-verlag.de · verlag@harrassowitz.de

Orient · Slavistik · Osteuropa · Bibliothek · Buch · Kultur

Das Malerbuch
des 20. Jahrhunderts

**Die Künstlerbuchsammlung der
Herzog August Bibliothek Wolfenbüttel**

Bearbeitet von Werner Arnold

Wolfenbütteler Schriften zur Geschichte
des Buchwesens 37

*2004. 454 Seiten, 54 Farbabb., gb
ISBN 978-3-447-05051-9
€ 97,– (D) / sFr 164,–*

Die Wolfenbütteler Künstlerbuchsammlung
verdankt ihren Aufbau Erhart Kästner, der
von 1950 bis 1968 die Herzog August Bibliothek leitete. In Erinnerung an ihn wurde
der Katalog der Künstlerbuchsammlung der
Herzog August Bibliothek „Das Malerbuch
des 20. Jahrhunderts" genannt. Der Katalog
enthält die Künstlerbücher der Bibliothek aus
der Zeit von ca. 1800 bis 2003, er umfasst
3153 Nummern und ist alphabetisch geordnet. Die Namen aller an den Büchern beteiligten Künstler und Autoren sind in einem
Register verzeichnet. Die bibliographischen
Beschreibungen beruhen auf den vorhan-
denen Titelaufnahmen aus etwa 50 Jahren.
Alle Aufnahmen wurden überprüft und, falls
erforderlich, korrigiert und ergänzt. Der
Katalog erschließt einen für die europäische
Kulturgeschichte einzigartigen Bestand.

Felix Martin Furtwängler
Printing into Thinking
Folgen, Suiten, Zyklen

**Eine Auswahl der Radierungen aus dem
Archiv des Künstlers ergänzt durch Werke
aus privater Hand und einer öffentlichen
Sammlung**

Ausstellungskataloge der Herzog August
Bibliothek Wolfenbüttel 91

*2009. 323 Seiten, 416 Abb., gb
ISBN 978-3-447-06084-4
€ 39,80 (D) / sFr 69,–*

Felix Martin Furtwängler gehört zu den
wichtigsten gegenwärtigen Künstlern, die
sich mit dem Bereich der Druckgraphik
beschäftigen. Er hat in über dreißig Jahren
ein außerordentlich umfangreiches Werk
geschaffen, das in Europa und den USA
große Anerkennung gefunden hat. Mit dem
Projekt „Printing into Thinking" stellte Furtwängler zuletzt seine Tiefdruckgraphik vor,
die im Laufe mehrerer Jahrzehnte entstand.
Die gleichnamige Ausstellung, erstellt in Kooperation mit dem Gutenberg Museum Mainz,
der Herzog August-Bibliothek in Wolfenbüttel
und der Kunsthalle Memmingen, präsen-
tierte im „Jahr der Grafik" das umfangreiche
druckgrafische Werk des Künstlers. Im
Begleitband findet sich eine Auswahl der
Radierungen Furtwänglers.

HARRASSOWITZ VERLAG · WIESBADEN
www.harrassowitz-verlag.de · verlag@harrassowitz.de

Orient · Slavistik · Osteuropa · Bibliothek · Buch · Kultur